W0377296

LA COMMUNICATION POSITIVE PARENTS-ENFANTS

Sophie Néel

LA COMMUNICATION POSITIVE PARENTS-ENFANTS

Une **méthode** douce et ludique pour aider votre **enfant** à **dépasser** ses **peurs**, **cauchemars**, **émotions** négatives, **timidité**.

Editions Josette Lyon
19, rue Saint-Séverin
75005 Paris

Merci à mes enfants chéris, Noah et Aloïs, qui m'apportent tant de bonheur et qui me prouvent au quotidien l'efficacité de ces outils par leur joie de vivre et leur bonne humeur,

Merci à mon partenaire de vie, Nicolas, pour l'amour qu'il me donne, pour son écoute, ses précieux conseils et sa grande patience,

Merci à ma famille, à Papa, à Nini, à Anthony et à Laure, à mes neveux et nièces, à mes beaux-frères et belles-sœurs, à ma belle-famille et à mes amis qui m'ont permis de devenir l'adulte épanouie que je suis,

Merci à vous Maman et Mamie de me guider si justement depuis le monde de l'invisible,

Merci aux parents qui me font confiance en m'amenant leurs enfants. Et merci aux enfants pour leur bonne humeur et pour ces merveilleux moments que nous passons ensemble,

Merci à toutes celles et tous ceux qui ont participé de près ou de loin à la réalisation de cet ouvrage (Céline et Guillaume, mon docteur préféré, Léa, Iza, Delphine et Carine...),

Merci à Florence et Massimo qui m'ont si généreusement ouvert une porte (et quelle porte !),

Merci à Séverine pour sa collaboration et ses magnifiques illustrations,

Merci à Carole, ma mère spirituelle, à Claudine et à ma famille de guérison, qui m'aident chaque mois à devenir celle que je suis vraiment,

Merci à toutes les synchronicités qui m'ont montré le chemin à suivre du début à la fin,

Merci à mon mental d'avoir accepté d'écouter mon âme,

Merci aux éditions Trédaniel d'avoir cru en mon projet et d'avoir accepté de le publier,

Et merci à l'Univers de m'avoir offert l'extraordinaire opportunité d'écrire ce livre !

ISBN 978-2-84319-379-8

Sommaire

Les outils

Les jeux

colère

Préface du Dr Kazandjian

Il ne suffit pas de savoir parler, entendre ou écouter pour communiquer. La maîtrise de cet art de l'échange nécessite bien souvent un apprentissage long et laborieux. Cela vaut pourtant la peine !

Dans le domaine médical, celui que je connais le mieux, la communication médecin-malade est au centre de la relation thérapeutique. Cette communication peut même devenir, par elle-même, thérapeutique : « l'entretien motivationnel » (Miller et Rollnick), par exemple, peut suffire à conduire un patient à changer de comportement de façon durable.

S'il n'est pas facile de maîtriser notre façon de communiquer avec les adultes, qu'en est-il avec les enfants ? Il est en effet parfois difficile d'apaiser les souffrances du quotidien : douleur, anxiété, peur… Il n'est pas toujours aisé de trouver les bons mots et encore moins d'éviter les « mauvais ».

Et si nous nous attachions quelques instants à contrôler et modifier notre façon de communiquer avec nos enfants ? C'est ce que propose avec bienveillance le livre de Sophie Néel : rendre nos enfants plus heureux en apprenant à communiquer avec eux. Noble dessein n'est-ce pas ?

Au travers d'astuces et d'outils ludiques facilement utilisables au quotidien, l'auteure nous offre la possibilité d'améliorer notre appréhension, parfois lointaine, de l'enfance. La promesse est claire : au travers des mots, apaiser les petits maux de nos bambins, augmenter leur bien-être et leur estime de soi.

En ce sens, ce livre est sans aucun doute une véritable réussite. J'en veux pour preuve les résultats « thérapeutiques » de l'auteure dans sa pratique quotidienne.

La lecture de cet ouvrage m'a permis, en tant que médecin, de me sentir plus à l'aise pour accompagner un soin douloureux ou améliorer certains troubles dits « fonctionnels ». En tant que père, le constat est le même dans des situations où l'anxiété inhérente à l'enfance prend le pas sur la raison.

Bref, un livre à lire et à relire… la maîtrise des techniques n'allant pas toujours de soi. Les résultats dépassent nos attentes, au prix d'un peu d'habitude et de pratique.

Que ces petits succès nous aident à améliorer le bien-être de nos enfants et par là même le nôtre.

Dr Kazandjian,
médecin généraliste à Cérences.

Préambule

J'ai beaucoup hésité avant de publier ce livre. Mes notes ont dormi de longues semaines au fond d'un placard. « Je ne suis pas écrivaine », « J'écris comme je parle », « Les démarches risquent d'être longues et compliquées » me disais-je dès que mes pensées s'orientaient de nouveau vers ce projet laissé en suspens…

Jusqu'au jour où cette autre partie de moi a dit : « C'est important que tu le fasses ! » en se rappelant avec insistance le but premier de ce projet. Il visait à partager avec un maximum de parents et de personnes en contact avec les enfants ces astuces « toutes bêtes » qui peuvent pourtant, sur le long terme, réellement changer la vie d'un enfant.

Les fois où j'ai traversé quelques moments de doute et d'hésitation, ces fois où j'ai tenté de ranger de nouveau mes notes hors de ma vue, ma petite voix intérieure m'a remémoré en douceur tous les changements qui s'étaient passés chez mes enfants et dans notre famille suite à l'utilisation de ces précieux outils ! Elle m'a rappelé les sourires des parents lorsqu'ils observaient les résultats sur leurs enfants, ces « merci » de soulagement…

Alors j'ai décidé d'écouter cette petite voix en réunissant dans cet ouvrage les différentes techniques que j'utilise depuis de nombreuses années, en tant que mère de famille et en tant qu'hypnologue auprès des enfants que je reçois en séance pour des raisons très diverses.

Ce livre ne détient aucune vérité, il ne s'agit pas non plus de résultats d'études scientifiques mais juste de conclusions tirées d'expériences personnelles et professionnelles. Il contient des

« recettes » qui pourront vous inspirer et vous donner la possibilité de créer les vôtres.

Il ne remplace bien évidemment en rien une consultation médicale auprès d'un professionnel adapté, ni le traitement qui pourrait éventuellement être administré. Il peut venir en complément de ceux-ci.

Par ailleurs, il est également important d'ajouter que si vous preniez ce livre pour le manuel du parfait enfant modèle, je suis navrée de vous informer que cet ouvrage ne vous sera d'aucune utilité...

Alors pourquoi ce livre, s'il ne permet pas de rendre votre enfant exemplaire ?

Eh bien, même dans la plus équilibrée des familles, l'enfant va rencontrer au fil des années diverses « problématiques » telles que des émotions à gérer, une phobie à supporter, de l'estime de soi à renforcer, des cauchemars à surmonter, un mal de ventre à soulager...

Même le meilleur des parents n'aura pas toujours la solution à apporter à son enfant. Et quel sentiment d'impuissance lorsqu'il vous fait part de son mal-être et que malgré tout ce que vous tentez de mettre en œuvre, le problème subsiste, n'est-ce pas ?

Cet ouvrage vous propose une panoplie de conseils et outils très simples et efficaces que vous allez pouvoir utiliser au quotidien et adapter selon la problématique de votre enfant. Il n'y a aucune solution toute faite, puisque chacun est différent, constitué de ses émotions, de ses expériences, de ses croyances, de ses idées...

Sachez que les enfants sont très doués pour s'inventer de nouvelles peurs ou d'autres émotions négatives, et ils sont tout aussi capables de les enlever, très souvent aussi vite qu'ils se les sont appropriées ! Il suffit de les aider à utiliser le bon outil et d'y croire ! Parfois, il faut faire preuve de persévérance et de patience, mais je vous assure que le jeu en vaut vraiment la chandelle !

Surtout, je vous remercie de ne pas me croire sur parole, mais juste d'essayer, et d'observer les résultats ! Ce sera la meilleure façon pour vous de prendre conscience de la puissance de ce que vous avez entre les mains.

Afin de profiter au mieux des bénéfices de ce livre, je vous invite tout d'abord à prendre connaissance des astuces figurant en première partie. Elles vont vous enseigner des notions de base que vous pourrez utiliser au quotidien. Vous pourrez prendre connaissance de la deuxième partie, qui contient les outils, afin de pouvoir y retourner facilement lorsqu'un besoin se fera sentir. Enfin, pour ce qui est des jeux, libre à vous de les utiliser, soit pour une raison particulière ou juste pour le plaisir ! Vous pouvez également instaurer un rituel de fin de semaine (apéritif du vendredi soir) et en profiter pour utiliser un ou plusieurs des jeux proposés.

Vous constaterez que la partie théorique est allégée afin de favoriser la pratique. En effet, je pense que rien ne vaut une mise en situation ou des exemples pour pouvoir intégrer facilement des conseils.

Enfin, avant d'aller plus loin dans la lecture de cet ouvrage, je tiens à vous rappeler qu'il est primordial de laisser de côté votre culpabilité (pour ce faire, vous pouvez recourir aux outils concernant les émotions). Il est tout à fait probable que la simplicité du contenu de ce livre vous amène à vous demander pourquoi vous n'y aviez pas pensé vous-même. Et c'est tellement facile de culpabiliser ! Rassurez-vous, tout parent commet des erreurs. Avant de connaître ces merveilleux outils, je laissais parfois ma fille sans réponse, je perdais plus patience, je n'avais pas les bonnes croyances... et ça arrive encore aujourd'hui ! Soyez tranquilles, de nombreux enfants ont grandi et sont aujourd'hui des adultes épanouis même si leurs propres parents ne connaissaient pas certaines informations importantes contenues dans ce livre et ont donc commis des « erreurs de parcours ». À l'issue de la lecture de ce livre, vous aurez le droit de culpabiliser si vous n'avez mis en pratique aucune des astuces, ni utilisé aucun des outils proposés !

Mais je vous en prie, gardez en mémoire qu'à partir du moment où vous aimez votre enfant et que vous mettez tout en œuvre pour le soulager de ses maux tant physiques que psychiques, alors vous êtes le meilleur des parents. On ne refait pas le passé, mais on peut agir sur le présent et sur le futur.

Alors, c'est parti !

Présentation de l'hypnose

Avant de vous laisser plonger au cœur du sujet, permettez-moi de vous présenter brièvement l'hypnose.

« Je n'y crois pas du tout ! », « Je ne connais que l'hypnose de spectacle », « Je suis sûr que ça ne marcherait pas sur moi ! », « J'y crois mais ça me fait peur », « Je ne veux pas qu'on me fasse n'importe quoi »... les avis sont très variés sur le sujet.

En séance, lorsque je demande aux gens s'ils pensent avoir déjà été sous hypnose, plus de 95 % répondent « non » ! Et pourtant... S'il vous arrive de ne pas voir passer la route lorsque vous conduisez, si vous êtes parfois tellement absorbé dans vos pensées que vous n'entendez plus votre entourage, si vous pleurez devant un film, si vous regardez dans le vide dans la salle d'attente du médecin, devant le feu de cheminée ou en vous brossant les dents, si vous vous y reprenez à trois fois pour lire la même phrase de votre livre, c'est que vous faites bien partie des 100 % des gens hypnotisables ! Il paraîtrait que pour ne jamais être sous hypnose, il faudrait ne pas avoir de cerveau... À bon entendeur !

Alors sachez mesdames et messieurs que vous expérimentez l'état d'hypnose sans même le savoir entre sept et huit fois par jour. On pourrait presque dire qu'il s'agit d'un besoin vital, autant que de respirer. Une « pause mentale » lorsque le besoin s'en fait sentir, même quelques secondes, et hop ! ça va tout de suite mieux ! D'ailleurs, lorsque vous êtes moins bien, vous êtes encore plus souvent en état d'hypnose. Que la nature est bien faite, n'est-ce pas ?!

Êtes-vous en train de vous demander : « Mais qu'est-ce que l'état d'hypnose ? » À dissocier du sommeil, l'état d'hypnose est un état paradoxal entre la veille et l'hyperconcentration pendant lequel la conscience va être focalisée sur une cible particulière (musique, point, respiration...) afin de favoriser la suggestibilité. Dans cet état différent de celui que l'on connaît la plupart du temps, on va contourner le facteur critique de l'esprit conscient et ainsi accéder plus facilement à l'inconscient.

Pour information, sachez que votre conscient capte environ sept informations maximum, quand votre inconscient, lui, en perçoit jusqu'à deux milliards par seconde (langage non verbal, ressentis, bruits extérieurs, odeurs, sensations, images...). Ça laisse perplexe n'est-ce pas ?! Milton Erickson, père de l'hypnose ericksonienne a dit : « Ton conscient est très intelligent, mais à côté de ton inconscient, il est stupide. »

Notre constitution psychique est souvent comparée à un iceberg, l'inconscient étant la partie immergée (cf. schéma page suivante).

L'hypnose thérapeutique est également à dissocier de l'hypnose de spectacle ! En hypnose thérapeutique dite « ericksonienne », on garde le contrôle de la séance et SURTOUT, on ne fait que ce qu'on a envie de faire ! Inutile de s'inquiéter pour savoir si on va se réveiller, car on ne dort à aucun moment !

L'hypnose thérapeutique est de plus en plus utilisée dans le milieu médical, pour pratiquer par exemple des opérations, suivre des accouchements ou prendre en charge la douleur. Les anesthésistes s'y forment, les pompiers et même les médecins généralistes et spécialistes. Y aurait-il une raison valable ou sont-ils tous devenus fous ?!

L'adulte expérimente entre sept et huit fois par jour l'état d'hypnose, tandis que l'enfant peut connaître cet état modifié de conscience beaucoup plus souvent. Tous ces moments où il semble être dans la lune, où il joue, où il regarde les nuages, où il ne fait rien (ou presque !)... il est en état d'hypnose !

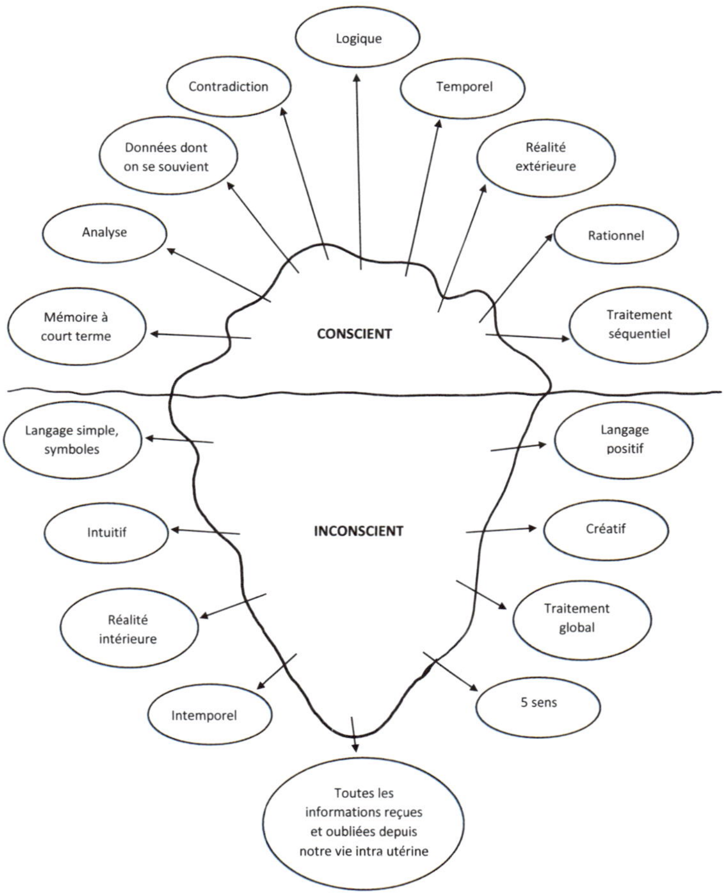

Nul besoin d'être sorcier ou d'avoir un don particulier pour pratiquer l'hypnose. Beaucoup d'éléments cités dans ce livre sont fortement inspirés de l'hypnose ericksonienne, alors vous aussi, vous allez pouvoir devenir le plus grand hypnotiseur de tous les temps !

Amusez-vous !

Sommaire

Les astuces

« Élevons des enfants qui n'auront pas à se remettre de leur enfance. »

Pam Leo

Voici les « bases » à connaître pour mieux savoir ce qui se passe dans la tête et dans le cœur de votre enfant, afin de pouvoir ajuster vos paroles et vos attitudes vis-à-vis de lui. Vous l'aiderez ainsi à s'épanouir et vous lui permettrez d'augmenter sa confiance en lui.

Je vous conseille vivement de lire toutes ces astuces au moins une fois avant d'utiliser les outils et jeux qui se trouvent plus loin dans le livre.

Certaines vous paraîtront évidentes, d'autres moins. Testez-les (avec un peu de patience et de persévérance) et vous pourrez constater par vous-même les résultats souvent très rapides.

Astuce n° 1

L'inconscient n'entend que les phrases positives

« S'il est impossible de ne pas penser à quelque chose, il reste encore possible de penser à autre chose. »

LEWIS CARROLL

Si je vous demande de ne pas penser à un chat rose, faites-vous partie des 99 % des gens qui voient spontanément arriver dans leur esprit un chat rose ? Et si je vous dis de ne **surtout** pas penser à un chat rose, que se passe-t-il alors ? Y pensez-vous encore plus ?

Astuce n° 1

Il est important de savoir que, lorsque nous entendons une phrase, notre inconscient fait abstraction de la négation. Il fait ressortir en priorité les mots clés. Ainsi, lorsque vous dites : « Ce n'est pas **important** », « Ce n'est pas **grave** », « Ne t'**inquiète** pas » ou « Ne t'**énerve** pas », ce sont les mots en gras qui prédominent dans l'inconscient de votre enfant. Ne vous **souvenez surtout** pas de ne pas **penser** au **chat rose** !

À noter que le mot « surtout » va venir renforcer l'impact du mot clé de la phrase et donc amplifier l'inverse de ce que vous souhaitiez initialement ! De ce fait, une phrase comme « N'aie **surtout** pas **peur** » ne fera qu'augmenter la peur. Aïe aïe aïe !

Dans la pratique

- **Utilisez des phrases positives**. Préférez dire : « Ce n'est **rien** » plutôt que « Ce n'est pas **grave** » ou bien « Sois **rassuré** » plutôt que « Ne te **tracasse** pas ».
- **Vous pouvez utiliser la négation à bon escient :** optez pour « Ce n'est pas **facile** » plutôt que « C'est **difficile** » ou « Il ne fait pas **beau** » plutôt que « Il fait **mauvais** temps ».

À éviter	**À utiliser**
Ce n'est pas **grave**	Ce n'est **rien**
Ne t'**inquiète** pas	Sois **tranquille**
Ne **m'en veux** pas	Prends-le **bien**
Ça ne fait pas **mal**	Ce n'est **rien**
Ne t'**énerve** pas	Reste **calme**
C'est **compliqué**	Ce n'est pas **facile**
Ce n'est pas **faux**	C'est assez **juste**
Ne **crie** pas, parle moins **fort**	Parle plus **bas**
Je suis **nul**	Je ne suis pas **doué**
Ce n'est pas **mauvais**	C'est plutôt **bon**
C'est plus **dur**	C'est moins **facile**
Ne le prends pas **mal**	Prends-le **bien**

Si vous souhaitez nuancer vos phrases, vous pouvez tout à fait ajouter des adverbes tels qu'« assez », « plutôt », « presque », « très », « peu »…

Il est vrai que cela nécessite une certaine gymnastique d'esprit, cependant, ne **pensez surtout** pas aux **supers résultats** que vous allez obtenir en formulant vos phrases de façon positive !

Avant/après

Lorsque Stanislas tombait, ses parents avaient souvent ce genre de réaction : « Ne t'**inquiète** pas mon chéri, ça ne fait pas **mal**, il ne faut pas **pleurer**. Nous allons aller à l'hôpital, n'aie pas **peur**, ce n'est pas **grave**. »

Maintenant qu'ils ont connaissance de cet outil (et des autres), voici leur réplique : « **Rassure**-toi mon chéri, ce n'est **rien**. Reste **calme**, tout va très **bien** se passer. Tu as besoin de pleurer pour exprimer ce que tu ressens et c'est **normal**. Nous allons t'emmener à l'hôpital, tu sais, là où tu es né ! Tu vas voir, il y a des dessins, des livres, des jeux et des docteurs comme celui que tu connais. C'est un autre docteur qui va très **bien** s'occuper de toi… »

Astuce n° 2

Attention aux oreilles qui traînent !

« On peut voir celui qui regarde,
mais on ne peut pas entendre
celui qui écoute. »

Marcel Duchamp

Ne vous est-il jamais arrivé de parler devant votre enfant alors qu'il était occupé et qu'il ne semblait pas vous écouter ? Vous pensiez qu'il ne vous entendait pas et pourtant, au moment où vous vous y attendiez le moins, il vous a répété mot pour mot (ou presque) ce que vous aviez dit ?

C'est tout à fait normal ! En effet, lorsque votre enfant est en train de jouer, de regarder la télévision, de lire, ou encore d'écouter de la musique, il est totalement absorbé dans ce qu'il fait, et si vous lui parlez il ne vous répond même pas. À ce moment précis, il est en état d'hypnose, tout simplement ! Sa partie consciente est hyper-concentrée sur ce qu'il fait, ce qui vous laisse penser qu'il ne vous entend pas. Mais son inconscient, lui, est plus disponible que jamais et il enregistre tout. En état d'hypnose, votre enfant est beaucoup plus suggestible qu'en état ordinaire de conscience. Ainsi, alors que vous pensiez qu'il n'écoutait pas, sachez que vos paroles ont un impact deux fois plus grand que s'il vous avait écouté consciemment.

Dans la pratique

- **Redoublez de prudence** lorsque vous parlez en présence de votre enfant, et encore plus lorsqu'il semble occupé ou ne pas entendre. Soyez également très vigilant lorsqu'il dort ! *Idem* pour bébé qui enregistre tout autant !
- **Utilisez cette connaissance à bon escient** en faisant des suggestions positives telles que : « Je suis très fier de lui, j'ai confiance, je sais qu'il va réussir. » « Je suis sûr que ses cauchemars vont s'arrêter, puisqu'il a les solutions en lui et qu'elles vont se mettre en place. » Vous pouvez choisir d'employer la deuxième personne du singulier en vous adressant directement à lui, même si vous pensez qu'il ne vous entend pas. Cependant, ne vous attendez pas à obtenir de réponse. La réponse serait apportée par son conscient et souvenez-vous que son conscient est absorbé par ce qu'il fait. Cela peut vous paraître étrange dans un premier temps, vous pouvez même avoir l'impression de parler dans le vide. Je vous invite cependant à continuer et à constater par vous-même les effets positifs sur votre enfant.

- **Profitez de cet état d'hypnose** pour lui passer en boucle une musique sur les tables de multiplication ou sur sa leçon d'histoire. Pendant qu'il lit ou qu'il range sa chambre, son inconscient enregistrera les informations sans effort. (Pas non plus pendant des heures quand même !)

Avant/après

Avant d'avoir connaissance de cette astuce, les parents de Lola se confiaient beaucoup à leurs amis pendant qu'elle regardait la télévision dans la même pièce. Ils parlaient de leurs problèmes, de leurs doutes, de leurs peurs... Ils profitaient de ce moment « d'inattention » pour se livrer sur des sujets plus délicats en chuchotant bien sûr. Pareil lorsqu'ils rentraient de dîner chez des amis, s'ils se disputaient, ça n'avait pas d'importance puisque Lola dormait profondément.

Depuis qu'ils savent que Lola enregistre tout et encore plus quand elle semble ne pas entendre, ses parents attendent qu'elle soit dans une autre pièce pour discuter des sujets « sensibles ». Parfois, lorsque Lola doute d'elle et qu'elle regarde la télévision, ils en profitent pour se parler entre eux : « Je suis très fier de Lola, je sens qu'elle mûrit, qu'on peut lui faire confiance et qu'elle va réussir dans la vie ! »

Astuce n° 3

Communiquez + + +

« Tout problème résulte d'une rupture de communication. »

Marc Roussel

Dès sa naissance, et même s'il n'est pas en mesure de parler, votre bébé a déjà toutes les facultés pour vous comprendre. De plus, il a autant besoin qu'un enfant ou un adulte que vous lui expliquiez les choses ; même celles qui vous paraissent évidentes, car elles ne le sont pas pour lui.

L'enfant en bas âge n'a pas la possibilité de vous interroger sur ce qui le soucie. Cela ne veut pas pour autant dire qu'il ne se pose pas de questions. C'est donc à vous d'anticiper au maximum ses attentes et de lui apporter les réponses dont il a besoin.

Communiquer permet aussi d'anticiper d'éventuelles peurs. Ainsi, vous verrez que plus vous lui ouvrirez les portes de la communication, et ce dès sa naissance, plus vous permettrez à votre enfant d'être confiant, serein et bien dans sa tête.

Il est important de pérenniser cette communication jusqu'à sa vie d'adulte. Tous les conseils proposés dans cette astuce sont à utiliser dès sa naissance jusqu'à pas d'âge !

Dans la pratique

- **Expliquez-lui un maximum de choses**
  - **en anticipant les questions** qu'il se pose et qu'il ne peut vous poser. Lorsque vous changez de pièce ou lorsque vous faites un acte nouveau pour lui, dites-le-lui. Parlez-lui autant, voire plus, que vous ne parleriez à un adulte. Vous pouvez vous poser la question : « Qu'est-ce que je m'imaginerais si j'étais à sa place ? »
  - **en le rassurant régulièrement.** Dites-lui que même si vous vous absentez une heure, une journée ou une semaine, **vous reviendrez toujours.** Autrement dit, jamais vous ne l'abandonnerez ! Mais cette phrase est à éviter puisqu'elle emploie le terme « abandonner ». **Dites-lui régulièrement que vous l'aimez**, même si ça vous paraît évident et que vous avez l'impression de le lui montrer suffisamment. En effet, il a quand même besoin de l'entendre. Encore plus lorsque vous le grondez, rappelez-lui que vos sentiments restent les mêmes. Vous pouvez même lui dire que si vous vous fâchez c'est justement par amour. Pensez à lui préciser pourquoi.

- **en le prévenant de ce qui va se passer.** Si vous devez laisser votre enfant quelques instants dans la voiture pour vous rendre à la boîte aux lettres par exemple, dites-lui où vous allez en lui indiquant que vous ne partez que dix secondes et que vous revenez immédiatement. Pour vous c'est bien clair, mais imaginez ce qui peut se passer dans sa tête lorsqu'il vous voit partir, sans rien dire.
  Pareil si vous êtes en voiture et qu'il s'endort. Si vous envisagez de le laisser dormir (en sécurité bien sûr) une fois arrivés à la maison, il est important de le prévenir avant qu'il ne ferme les yeux ou dès que vous vous apercevez qu'il s'est assoupi. (Souvenez-vous que son inconscient entend même lorsqu'il dort.) Dites-lui qu'il va se réveiller à tel endroit, qu'il sera peut-être seul dans la voiture mais que vous viendrez vite le chercher. (Grâce aux forfaits de téléphone illimités vous pouvez même improviser un baby-phone en appelant de votre portable sur le téléphone de la maison par exemple. Vous pouvez laisser un téléphone dans la voiture en enclenchant le kit mains libres et vous entendrez ainsi votre enfant dès qu'il se réveillera afin de lui épargner de longues minutes d'attente qui pourraient être très anxiogènes.)
  Même chose pour le manège. Si vous avez décidé que c'était le dernier tour, dites-le-lui. Vous, vous le savez puisque c'est vous-même qui en avez décidé ainsi. Mais comment votre enfant pourrait-il le deviner ?
  Idem pour toutes les activités du quotidien. Si votre enfant est prévenu quelques minutes avant (avec l'intonation idéale), il vivra beaucoup mieux la situation. « On regarde la télé encore cinq minutes puis on l'éteint, compris ? »
  Si vous devez vous rendre à une réunion le soir, rappelez-lui que vous allez rentrer lorsqu'il dormira et que vous irez le voir dans sa chambre en lui disant par exemple : « Je suis rentré, je t'aime fort, dors bien. » Souvenez-vous que même lorsque nous dormons, notre inconscient est actif. Il sera donc

plus détendu après votre passage dans sa chambre et pourra achever sereinement sa nuit.
Pareil si vous partez en vacances et que le trajet s'annonce long. Avertissez-le des contraintes qu'il va rencontrer et du fait qu'il va rester assis plusieurs heures, attaché dans son siège… Une fois prévenu, il saura à quoi s'attendre et vivra donc mieux la situation.
Même lorsqu'il s'agit d'événements moins réjouissants comme un vaccin, prévenez-le également à l'avance (aimeriez-vous le savoir à la dernière minute, vous ?). Expliquez-lui qu'il va peut-être ressentir une petite piqûre quelques secondes et que ça va passer très vite. Une étude a prouvé que les enfants qui avaient été avertis de la douleur potentielle qu'ils allaient ressentir avant un vaccin le vivaient beaucoup mieux que les enfants à qui rien n'avait été dit au préalable.

- **en répétant les choses plusieurs fois.** Si vous êtes amené à partir pendant plusieurs jours dans un mois, vous pouvez l'en informer brièvement lorsque vous l'apprenez, puis lui redire une semaine avant, trois jours avant, la veille et le jour J. Contrairement à ce que l'on peut penser, plus votre enfant sera averti, plus il sera serein. Il en est de même pour la rentrée scolaire, pour les colonies de vacances, pour le rendez-vous chez le dentiste…

- **Instaurez un rituel de communication.** Profitez par exemple du petit-déjeuner pour lui détailler le déroulement de la journée et du week-end à venir. Précisez-lui s'il va voir du monde ou s'il va être dans un contexte particulier… Si vous devez le laisser en garde quelque part, indiquez-lui chez qui il va et pour quelle raison, précisez-lui l'heure à laquelle vous rentrerez, qui va aller le chercher…

- **Parlez-lui de vous.** Si vous n'êtes pas bien et que vous ressentez en vous des émotions négatives telles que de la tristesse, de la colère, de la peur… rassurez-le en lui disant que ces émotions viennent

d'une raison totalement extérieure à lui. S'il ne vous est pas possible de lui expliquer la cause de votre état émotionnel, précisez-lui bien que cette raison est extérieure à lui et que cela va passer. Dites-lui, avec des mots simples, ce qu'il doit savoir, et ce malgré son jeune âge. Si rien ne lui est expliqué, votre enfant risque de se rendre responsable de l'émotion que vous ressentez. Imaginez par exemple que votre mari ou votre épouse soit soudainement triste ou en colère sans vous expliquer pourquoi. Ne risquez-vous pas de vous demander ce que vous avez fait pour qu'il/elle soit dans cet état et de vous sentir responsable de son mal-être ?

- **Levez les tabous de la communication**

  - **en parlant de tout**, aussi bien des secrets de famille que de la mort, de la sexualité, de la religion, de la politique… Veillez à lui laisser la possibilité de se faire ses propres croyances. Même si vous avez telles ou telles idées politiques, il a le droit de penser autrement. Il est important de respecter son point de vue. C'est d'ailleurs l'occasion d'échanger sur vos avis divergents, en adaptant le contenu à son âge.
    Pour ce qui est des problématiques transgénérationnelles telles que des femmes abusées de mère en fille ou des hommes buvant de génération en génération, il paraîtrait que le seul moyen de rompre ces chaînes soit d'en parler. Alors même si ce n'est pas facile pour vous de livrer ce poids que vous gardez secret depuis tant d'années, essayez de le faire pour vos enfants et petits-enfants. Épargnez-leur ces souffrances que vous avez connues en leur révélant ce secret au grand jour.

  - **en lui disant la vérité, rien que la vérité !** Pour qu'une communication soit vraie, elle nécessite une confiance en l'interlocuteur. Et la confiance naît de la sincérité des échanges. Alors, s'il vous plaît, parlez-lui honnêtement. Dites-lui la vérité. Sachez que lorsque vous lui mentez, c'est un peu

comme si un voyant rouge s'allumait au-dessus de votre tête. Vous ne le voyez pas? Mais lui, oui! Plus vous lui mentirez, moins il vous fera confiance et moins il vous parlera. À l'inverse, plus il vous sentira sincère dans vos réponses, plus il s'ouvrira et sera vrai avec vous. Nul n'est parfait, alors osez assumer vos défauts (en plus, les reconnaître c'est déjà les apprivoiser).
Par ailleurs, pour que la confiance soit réciproque et durable, sachez garder les secrets qu'il vous confie, encore plus lorsqu'il s'agit de sujets qui lui tiennent beaucoup à cœur, comme les petits copains, petites copines, une bêtise avouée…

Plus vous parlerez avec votre enfant, et ce dès son jeune âge, et plus il parlera avec vous. La communication est un échange qui doit induire une réciprocité. Cependant, si votre enfant n'a jamais communiqué, ne vous attendez pas à une métamorphose spontanée du jour au lendemain. Faites preuve de patience, je vous assure qu'elle paiera.

Par ailleurs, une fois que vous aurez eu connaissance des neurones miroirs (voir Astuce n° 12), vous saurez qu'il est inutile de reprocher à votre enfant de ne pas se livrer si vous n'avez jamais réussi à le faire vous-même! Eh oui, vous êtes son modèle!

Ainsi, si votre enfant présente des difficultés de communication, vous pourrez aussi l'aider:

- en l'invitant à vous écrire si cela est plus facile pour lui. Vous pouvez acheter ensemble un cahier qui sera destiné à vos échanges.
- en lui posant des questions fermées qui induiront des réponses en oui ou non.
- en créant avec lui une boîte à soucis dans laquelle il pourra glisser un mot s'il en ressent le besoin (voir Outil n° 17).
- en lui proposant de dessiner ce qui lui passe par la tête. Ce sera une occasion d'ouvrir le dialogue.
- en utilisant la clenche parlante (voir Outil n° 11).

- **Lorsque votre enfant vous parle, écoutez-le !** Soyez à 200 % dans ce qu'il vous dit. Si le moment qu'il a choisi pour vous parler n'est pas le meilleur pour vous parce que vous êtes au téléphone, occupé à la cuisine, ou avec d'autres enfants, alors remettez la conversation à plus tard. Il est à même de comprendre qu'un adulte ne peut pas être en permanence disponible pour lui (sauf en cas d'urgence bien sûr !). Expliquez-lui que vous préférez finir la tâche que vous êtes en train d'accomplir pour l'écouter pleinement après. Convenez ensemble du moment qui sera dédié à cet échange et quand vous y serez, ne faites rien d'autre, soyez complètement disponible pour lui. Si cela semble difficile pour vous, je vous invite à vous remémorer une fois où vous aviez quelque chose de très important à dire à votre conjoint/e ou à un ami et que celui/le-ci ne semblait pas être très présent/e dans cette conversation. À tel point que, quand vous lui avez demandé de vous dire ce qu'il/elle en avait retenu, il n'en restait que peu de choses… Qu'avez-vous ressenti à ce moment précis ?
- **Évitez de laisser des questions sans réponses.** Elles risqueraient d'être nourries par l'imaginaire de votre enfant et de faire naître des émotions négatives qui auraient pu être épargnées. Si vous souhaitez ne pas répondre à sa question, estimant qu'il n'est pas en âge de savoir ou que cela ne le regarde pas, alors dites-le-lui. Si vous ignorez la réponse à sa question, vous pouvez la chercher ensemble ou l'inviter à se documenter de son côté sur Internet (avec précaution) ou en interrogeant son instituteur par exemple. Faites en sorte de le guider afin qu'il puisse obtenir la réponse d'une façon ou d'une autre.
- **Il est toujours temps d'agir :** à tout moment, même dix ans plus tard, vous avez la possibilité d'apporter des explications à votre enfant. Si vous avez pris conscience avec du recul que vous avez eu un comportement inadapté, que vous ne lui avez pas du tout parlé d'une problématique ou que telle parole prononcée à son égard lui a causé du tort, alors il est encore temps de rattraper cela. Vous pouvez toujours lui expliquer les choses ou

lui demander pardon, même cinq ans après. Vos excuses seront réparatrices et pourront lui permettre d'avancer plus sereinement.

Par ailleurs, si une phrase très anxiogène du style « Puisque tu ne viens pas, je pars sans toi ! » sortait malencontreusement de votre bouche, il serait toujours temps de lui dire juste après que jamais vous ne feriez une chose pareille et que vous dites juste cela sous le coup de l'énervement.

Cas concrets

La maman de Martine ignorait l'importance de la communication car elle pensait que sa fille, du haut de ses 13 mois, n'était pas en mesure de comprendre ce qu'elle lui disait. Alors que Martine se trouvait dans un caddie, sa maman est allée quelques instants dans le rayon voisin chercher un produit. Ne la voyant plus, Martine a vécu cette absence comme un réel abandon (ce traumatisme s'est retrouvé au cours d'une séance d'hypnose une vingtaine d'années plus tard).

La maman de Gabriel a conscience de l'importance de tout dire à son fils car elle sait qu'il comprend les choses malgré son jeune âge. Lorsqu'elle doit s'absenter quelques instants, elle lui explique où elle va, elle lui précise qu'elle revient très vite et qu'il peut être serein.

Elle part régulièrement en formation plusieurs jours, alors elle prend soin de prévenir Gabriel au moins une semaine à l'avance de son départ, elle le lui redit trois jours avant, la veille et le jour même.

Lorsque Gabriel regarde la télévision, elle le prévient trois minutes à l'avance que c'est bientôt l'heure d'aller prendre le bain et qu'elle va bientôt éteindre. Une minute avant, elle l'informe de nouveau que le moment de se laver approche.

Gabriel grandit sereinement.

Pour compléter

✓ **« La communication connectée »**, Outil n° 12

Astuce n° 4

Permettez-lui d'avoir confiance en lui

« Une des clés du succès est la confiance en soi. Une des clés de la confiance en soi est la préparation. »

ARTHUR ASHE

Le manque de confiance en soi représente environ 30 % des motifs de consultation des adultes que je reçois. Et cette carence est très souvent liée à l'enfance. Ainsi, il est important de permettre à votre enfant, dès son plus jeune âge, d'acquérir suffisamment de confiance en lui pour se construire. La confiance en soi passe notamment par la valorisation de votre enfant. Par ailleurs, pour qu'il ait confiance en lui, il est important que les gens qui l'aiment aient eux-mêmes confiance en lui (et dans l'idéal, confiance en eux aussi).

Dans la pratique

- **Valorisez votre enfant lorsqu'il entreprend quelque chose.** Dites-lui combien vous êtes fier de lui, et ce aussi pour quelque chose qui peut vous sembler banal. Vos gratifications lui seront toujours bénéfiques, même si elles vous paraissent inutiles ou répétitives.
- **Encouragez-le à faire des choses nouvelles.** Apprenez-lui à faire le café, à aller acheter le pain, à s'habiller seul… selon son âge et ses capacités (il est important que les tâches que vous lui confiez soient réalisables pour lui). Vous pouvez ensuite le valoriser en soulignant qu'il vient d'accomplir quelque chose dont il ne se croyait peut-être pourtant pas capable avant. C'est la preuve qu'il a en lui de nombreuses ressources !
- **Rappelez-lui que vous avez appris tout ce que vous faites.** Il ignore peut-être que vous n'êtes pas né en sachant cuisiner ou en maîtrisant déjà le métier que vous exercez… De temps en temps, si vous sentez qu'il doute de lui, rappelez-lui que vous aussi vous êtes passé par là, que vous avez dû rater plusieurs fois votre bœuf bourguignon avant d'en faire un bon ou que vous aussi, lorsque vous étiez enfant, vous avez fait quelques pipis au lit avant d'être définitivement tranquille.
- **En cas d'échec, continuez de l'encourager.** Croyez en lui. Dites-lui qu'il est tombé bien des fois avant de marcher de façon stable (en moyenne deux mille fois) et pourtant vous avez toujours cru en lui. Laissez l'échec derrière lui et focalisez-vous sur le futur et sur le positif. Demandez-lui quels bénéfices il peut

obtenir de cette expérience. Vous pouvez tenir un calendrier sur lequel vous allez dessiner un soleil à chaque réussite (en faisant totalement abstraction des échecs).

- **La critique et la dévalorisation sont inutiles.** En effet, elles ne lui apporteront rien, sinon de diminuer sa confiance en lui. De plus, sachez qu'il faut vingt compliments pour contrebalancer une critique. Alors bannissez complètement l'humiliation, et surtout devant les autres ! Votre enfant est suffisamment peu fier de lui pour que vous en rajoutiez une couche. Cela ne ferait que le rabaisser encore plus et anéantir son estime de lui. Aimez-vous qu'on vous ridiculise en public ? Même si c'est « mignon » ?
- **Complimentez-le.** Dites-lui que vous le trouvez beau, gentil ou courageux. Ces mots viendront augmenter sa confiance en lui et l'aideront à aller de l'avant.
- **Utilisez avec modération les mots rigolos** comme « Tu es nouille », « Tu es cruche » qui, même s'ils sont employés dans l'état d'esprit du « qui aime bien châtie bien », restent dévalorisants et apportent donc du négatif à l'inconscient. Ils peuvent, à forte dose, amener votre enfant à perdre de la confiance en lui ou à se dévaloriser. Et puis, admettez que recevoir un « compliment négatif » n'est jamais très agréable !

  Inutile de préciser que les surnoms, même humoristiques, comme « la grosse », « le vilain »… font également des dégâts sur le long terme.
- **Évitez les diminutifs réducteurs** comme « ma petite » ou les suffixes en « ette » ajoutés à la fin du prénom. Même s'ils représentent pour vous un signe d'affection et une preuve d'amour, ils peuvent être dévalorisants pour l'enfant envers qui vous les utilisez. L'adjectif « petit » peut, sur le long terme, induire une impression d'infériorité dans la tête de votre enfant.
- **Soyez fier de lui** et affichez ses cadeaux de fête des mères/pères (même si ce cendrier en pâte à sel n'est pas à votre goût), ses

dessins... Faites-lui raconter comment il les a fabriqués, demandez-lui si ça a été plutôt facile pour lui...

- **Invitez-le à créer.** Que ce soit par la cuisine, le dessin, la peinture, l'écriture, le bricolage, la coiffure... le fait de créer est une façon pour lui de s'exprimer et d'afficher son potentiel intérieur. Si en plus vous complimentez sa création, ses batteries de confiance seront rechargées (...temporairement, car la confiance est une plante qui s'arrose régulièrement).
- **Supprimez toute notion de culpabilité.** Les « Tu me fatigues », « Si tu ne me fais pas de bisou je vais être triste », « C'est de ta faute »... amènent votre enfant à se sentir responsable de vos maux. Ainsi, même si vous ne lui faites le reproche qu'une seule fois, il est possible qu'il généralise et qu'il croie que c'est de sa faute si vous êtes tout le temps fatigué.
- **Ne jouez JAMAIS avec les sentiments.** Vos sentiments à son égard ont-ils changé sous prétexte qu'il ne vous a pas obéi ? Bien sûr que non, n'est-ce pas ? Alors si vous lui dites « Je ne t'aime

plus » lorsque vous êtes fâché contre lui, même si vous, vous savez que c'est faux, soyez bien certain que votre enfant vous croira sur parole !

- **Et surtout, laissez-le s'exprimer !** Bien qu'il soit long à répondre ou que vous craigniez qu'il ne sache pas quoi dire, si la question s'adresse à lui, donnez-lui la possibilité de s'affirmer, et ce dès son plus jeune âge. S'il ne parvient pas à trouver de réponse, il saura se tourner vers vous pour vous demander de l'aide. OK ça finit peut-être toujours comme ça selon vous, mais donnez-lui cette chance de faire en sorte que ça change ! Vous ne serez pas toujours à ses côtés ! Imaginez, si votre mari ou votre épouse répondait à chacune des questions qui vous sont posées, que ressentiriez-vous ?

Cas concrets

Avant d'avoir conscience de l'importance de valoriser son enfant, la maman de Sam lui répétait souvent qu'il était nul et maladroit. Lorsqu'il rentrait de l'école avec une bonne note, elle lui disait : « Tu as triché ? Ce n'est pas possible que tu aies une aussi bonne note dans cette matière ! » Jamais elle ne lui confiait de responsabilités, elle disait qu'il ne savait pas faire. Lorsqu'elle rentrait fatiguée de sa journée de travail, elle passait la soirée à répéter à Sam qu'il l'usait. Sam a grandi tant bien que mal, renfermé sur lui-même. Il doute très souvent de lui et n'ose prendre aucune responsabilité, au grand dam de sa mère…

Non loin de là, dans une autre famille où cette astuce est prise en considération, Chloé est une enfant épanouie. Ses parents soulignent ses succès. Ils réfléchissent ensemble sur ses échecs afin de les rendre constructifs. Chloé cuisine de nouvelles recettes. Ses parents l'envoient seule acheter le pain. Et ils la félicitent même à son retour ! Et quand Papa est fatigué le soir, il précise bien à Chloé que son état est lié à sa journée de travail.

Pour compléter

- ✓ **Métaphore : « La valeur d'un billet de 20 euros »,** Outil n° 16
- ✓ **« Les qualités »,** Jeu n° 2
- ✓ **« Je n'aime pas »,** Jeu n° 4
- ✓ **« Le vidage de sac »,** Jeu n° 5

Astuce n° 5

Soyez tactile

« Le toucher n'a pas son égal. »

JONATHAN SWIFT

Lorsqu'il vient au monde, bien avant de vous voir ou de vous entendre, votre enfant va d'abord sentir votre contact physique. En effet, le sens le plus développé d'un nourrisson est le toucher.

Être touché est une façon de savoir que l'on existe, d'être rassuré et de sentir l'amour que nos proches ressentent pour nous. Le contact physique est très important car il va permettre d'augmenter la confiance en soi. Les enfants ont d'ailleurs eux-mêmes un grand besoin de toucher ce qui les entoure pour découvrir le monde.

Un manque ou une absence de toucher pendant l'enfance va créer un vide intérieur qui aura besoin d'être comblé dès l'adolescence (voire avant) par le sucre, les jeux vidéo, les drogues, l'alcool…

Dans la pratique

- **Dès son plus jeune âge, privilégiez le contact physique** par le biais des câlins, des massages et des bisous.
- **Laissez-le toucher ce qui l'entoure.** C'est pour lui un moyen de découvrir son monde. Vous savez très bien que le chat est doux, mais lui il ne le saura qu'après l'avoir caressé !

Cas concrets

Les parents d'Agathe n'ont pas été habitués aux signes d'affection pendant leur enfance bien qu'ils aient chacun été aimés de leurs deux parents. N'ayant pas d'autre référence, ils ont développé une forme de pudeur et, tout en étant des parents aimants, ils n'ont jamais osé faire de massages à leur fille ; ils l'embrassaient juste le matin et le soir et ne la prenaient pas dans leurs bras.

Agathe a grandi et a rencontré, notamment à son adolescence, ce besoin de douceur qui demandait à être satisfait. Ses parents l'ignorant, ils n'ont pas pu répondre à sa demande. Aujourd'hui, vingt ans plus tard, Agathe comble ce besoin de se « remplir de douceur » par du sucre, le soir, quand tout le monde est couché.

Julie est élevée dans une autre famille où les papouilles, les bisous et les massages sont naturels et font partie du quotidien. Aucun manque ne se crée et elle va pouvoir grandir sereinement. Adulte, elle adorera peut-être le chocolat mais n'aura nul besoin de combler quoi que ce soit, puisqu'elle aura été comblée durant son enfance !

Astuce n° 6

Attention aux croyances !

« Ils ne savaient pas que c'était impossible, alors ils l'ont fait. »

MARC TWAIN

À totalement dissocier de la religion, les croyances sont des idées ou des filtres que vous avez créés selon vos expériences, selon ce qu'on vous a dit et ce que vous avez lu.

Votre regard sur la réalité est impacté par vos certitudes du moment, et sachez que nous sommes tous remplis de croyances ! On pourrait même dire que ce sont elles qui nous gouvernent.

Il y a deux sortes de croyances :

– **Les constructives:** celles qui vous sont bénéfiques pour évoluer. Exemples: « Tout problème a une solution », « Je suis quelqu'un de bien », « Je termine tout ce que j'entreprends »...

– **Les restrictives:** celles qui vont vous freiner dans votre vie. Exemples: « Je n'attire que les problèmes », « Boire du café après 16 heures empêche de dormir », « Je rate tout ce que je fais »...

Même si elles évoluent en permanence, beaucoup des croyances prennent naissance pendant l'enfance, au moment où l'être humain est en pleine construction. Pendant cette période, l'enfant est très influençable. Il a une confiance aveugle en ses parents, ses instituteurs et les adultes qui l'entourent (également en ses frères et sœurs et camarades d'école). En effet, il ne lui viendrait jamais à l'esprit de remettre en doute la parole d'un adulte!

Ainsi, lorsque vous répétez à votre enfant qu'il n'est pas manuel, qu'il tient de son oncle ou qu'en avalant ses ongles il va avoir l'appendicite, vous venez changer sa carte du monde. Désormais, ce nouveau paramètre va venir devant sa carte comme un filtre. Étant donné qu'aux yeux de l'enfant un adulte ne peut que dire la vérité, il va vous croire sur parole!

Peut-être êtes-vous en train de vous dire que très souvent, lorsque vous lui dites quelque chose, ça se vérifie et ça finit par se passer. Et c'est tout à fait normal puisque nos croyances façonnent notre réalité. Ainsi, si votre enfant se croit malchanceux, il risque de créer sa malchance, et il ne lèvera pas forcément les yeux au bon moment pour voir le billet de 50 euros tombé par terre... De nombreuses études ont prouvé à quel point les croyances influençaient notre vie, nos comportements, notre moral, nos pensées...

Sachez que les croyances s'impriment également lorsque vous n'écoutez pas (lorsque vous êtes sous hypnose, devant la télévision par exemple, ou dans la voiture avec la radio comme bruit de fond). Nombreuses sont celles que vous avez stockées en vous sans même en avoir conscience.

Dans la pratique

- **Faites vraiment attention à ce que vous dites à votre enfant.** Gardez en mémoire que ce que vous lui avancez va s'imprimer en lui comme une réalité indiscutable. Ainsi, réfléchissez aux croyances que vous avez envie qui l'accompagnent dans son enfance et dans sa vie d'adulte. Évitez de lui répéter des phrases négatives de type : « Tu es nul en sport », « Tu ne vas jamais au bout des choses », « Tu ne réfléchis pas »... Les mots « toujours », « jamais », « tout le temps »... viennent renforcer ces croyances restrictives.
- **Permettez-lui de se créer ses propres croyances** en le laissant apprécier lui-même les conséquences de ses actes et de ses expériences, tout en lui précisant bien d'être vigilant et de multiplier les expériences avant de tirer des conclusions trop rapidement.
- **Évitez de l'influencer.** Quand il vous demande votre avis, retournez-lui en premier la question en lui demandant : « Et toi ? Qu'en penses-tu ? » afin de lui éviter d'être influencé par vos propres croyances et d'impacter les siennes. S'il souhaite vraiment votre avis, précisez-lui bien qu'il s'agit de ce que vous pensez vous, selon votre point de vue, et qu'il a tout à fait le droit d'avoir un avis différent.
- **Évitez de lui coller des « étiquettes » :** même si votre fille casse un verre de temps en temps, inutile de lui dire qu'elle est maladroite, vous risqueriez de créer en elle cette croyance et ainsi de lui coller l'étiquette « maladroite » à vie. Sans un travail sur soi, les étiquettes ne sont pas faciles à enlever !
- **Faites le point sur vos propres croyances.** Lesquelles viennent de votre enfance ? Lesquelles ont changé au cours des années ? Lesquelles vous empêchent d'avancer ? Que voulez-vous transmettre à votre enfant ? Pour les trouver, soyez attentif aux phrases

que vous commencez par « J'ai toujours entendu que... », « Pour moi... », « Il paraît que... », « Mon médecin m'a dit que... », « J'ai l'impression que... ».

- **Profitez de l'impact de vos paroles pour apporter à votre enfant de bonnes croyances.** Puisque votre enfant croit beaucoup en vous et accorde énormément de crédit à vos paroles, utilisez-les pour lui apporter des croyances constructives ! Dites-lui par exemple qu'il est quelqu'un de bien et qu'il réussira tout ce qu'il entreprendra, qu'il a toutes les capacités pour faire le métier qu'il souhaite... Vous pouvez également renverser certaines de ses croyances restrictives. Si votre enfant croit qu'il est nul en sport, citez-lui des exemples qui vont lui apporter la preuve du contraire. Parlez-lui de votre propre expérience au même âge et de votre attrait pour le sport aujourd'hui ou citez-lui le nom de grands sportifs qui n'étaient pas doués en sport étant jeunes.

  Et même si je suis archicontre le mensonge avec les enfants (et avec les adultes aussi d'ailleurs !), je pense que, s'il permet d'apporter de bonnes croyances à votre enfant afin de le faire avancer et de lui permettre d'avoir confiance en lui, alors un petit mensonge de temps en temps peut être accordé pour la bonne cause ! Vous pouvez, par exemple, lui dire : « J'ai lu dans un magazine que les enfants qui font pipi au lit s'arrêtent très souvent tout seuls du jour au lendemain vers les 6 ans. » (Adaptez les données à votre enfant, mais sans faire aucun lien direct avec lui.)

Cas concret

Loan, 10 ans, avait entendu en classe que nous avions un « tuyau » pour respirer et un autre pour boire et manger. Il a surtout retenu les paroles de l'institutrice lorsque cette dernière a expliqué que si la nourriture ou la boisson partait dans le mauvais tuyau, on pouvait mourir. De ces quelques mots, il a créé la croyance que manger ou boire mettait sa vie en danger et il a donc quasiment cessé de s'alimenter pendant plusieurs jours.

Loan a réglé son problème à l'aide des sous-modalités (voir Outil n° 3) et de quelques contre-exemples qui sont venus casser les croyances qu'il s'était créées. Tout est rapidement rentré dans l'ordre et Loan a retrouvé un rapport neutre avec le fait de s'alimenter.

Pour compléter

✔ **Métaphores : « La vie après l'accouchement » et « La course des grenouilles »,** Outil n° 16

Astuce n° 7

Utilisez la bonne intonation

« L'important n'est pas les choses
qu'on a à dire, mais la façon
dont on les dit. »

Jean Dutourd

Si on vous annonce la plus joyeuse des nouvelles avec un air triste, votre réaction sera certainement différente de celle que vous auriez eue si les émotions avaient été en adéquation avec le sujet abordé. En effet, l'intention et l'intonation que vous mettez derrière les mots employés ont presque autant d'importance que les mots eux-mêmes.

Dans la pratique

- **Donnez-lui envie** : si votre enfant va chez sa nourrice demain et que vous savez que c'est difficile pour lui, préférez lui dire : « Tu vas aller chez nounou demain, c'est chouette ! » plutôt que : « Il **faut** que tu ailles chez nounou demain. » En effet, le verbe « falloir » induit une obligation et donc une contrainte.
- **Mettez de l'enthousiasme dans vos mots.** Encore plus si vous savez que ce n'est pas facile pour votre enfant, soyez encourageant et utilisez un parler dynamique.
- **Évitez les menaces et mots décourageants** comme « Je te préviens », « Tu n'as pas le choix », « C'est comme ça ».

Avant/après

Chanel a deux ans et demi et, sa nourrice ne pouvant plus la prendre pour des raisons de santé, ses parents vont l'inscrire à l'école. Avant de savoir ce qui est mentionné au-dessus, ses parents lui auraient peut-être dit : « Tu n'as **pas le choix** ma chérie, il **faut** que tu ailles à l'école. Je sais que ça va être **dur**, mais tu vas **t'y faire** ! » Reconnaissez que ça n'est pas très enthousiasmant…

Depuis que ses parents ont pris conscience de l'importance de la façon dont ils annoncent les choses, ils s'expriment plutôt ainsi : « Ma chérie, ta nounou ne peut plus te recevoir parce qu'elle est malade, qu'elle doit donc arrêter de garder des enfants et ça n'a rien à voir avec toi, elle aurait bien aimé te garder. Alors c'est super car tu vas pouvoir aller à l'école ! Tu vas voir, c'est un lieu agréable où il y a beaucoup d'autres enfants. Tu pourras jouer dans la cour de récréation, faire des dessins, de la peinture, et même des choses que nous ne faisons jamais à la maison ! C'est vraiment génial ! Qu'est-ce que j'aimerais bien retourner à l'école moi ! » Mettez-y de la conviction si vous voulez être crédible !

Astuce n° 8

Distinguez bien votre enfant de ses actes

« Je parle d'un type d'amour qui vous fera aimer la personne auteure d'une mauvaise action tout en haïssant la mauvaise action en question. »

MARTIN LUTHER KING

Il fait une grosse bêtise, il ne veut pas obéir ou il vous fait un caprice en plein magasin. Sous le coup de la colère, vous lui dites spontanément : « Tu es vilain ! » « Tu es méchant ! »

Vous êtes excédé et c'est bien normal ! Mais c'est à ne plus rien y comprendre pour votre enfant. En effet, vous lui avez dit il y a cinq minutes qu'il était gentil ou qu'il était beau et maintenant vous lui dites tout le contraire !

Est-ce votre enfant qui est méchant ou l'acte qu'il vient de commettre ? Attention aux conséquences de telles paroles qui s'en prennent à sa propre personne !

Dans la pratique

- **Gardez bien en mémoire qu'il faut vingt compliments pour effacer une critique.**
- **Jugez le comportement de votre enfant ou son acte** plutôt que sa personne directement. Préférez donc lui dire : « C'est vilain ce que tu fais » ou « C'est méchant de se comporter comme ça » plutôt que « *Tu es* vilain », « *Tu es* méchant ».
- **Demandez-lui s'il est calmé plutôt que : « Tu es gentil maintenant ? »**, qui sous-entend qu'il ne l'était pas avant.

Avant/après

Avant, lorsque Lisa faisait une bêtise, ses parents réagissaient souvent de la sorte : « Tu es méchante ! Cache-toi, tu n'es pas belle ! » Maintenant qu'ils dissocient bien sa personne de son acte, voici ce qu'ils lui disent : « Ce que tu as fait est bien moche ! C'est vraiment méchant de se comporter de la sorte ».

Astuce n° 9

Attention à la fatalité !

« La fatalité triomphe
dès que l'on croit en elle. »

SIMONE DE BEAUVOIR

« Si tu montes là, tu vas tomber ! » « Si tu sors sans écharpe, tu vas être malade ! » Lorsque vous dites l'une de ces nombreuses phrases toutes faites à votre enfant, il la perçoit comme une fatalité. Il n'y a pas d'autre issue possible, c'est sûr, il va tomber !

Non seulement en lui disant cela vous lui apportez certaines croyances restrictives (voir Astuce n° 6), mais en plus vous ne lui laissez pas le choix quant à l'issue. Peut-être allez-vous répondre que ça se passe comme ça à chaque fois. Mais, s'il vous plaît, laissez-lui la possibilité de faire en sorte que ça se passe autrement, pour une fois !

Dans la pratique

- **Remplacez le « Tu *vas* tomber » par « Tu *risques* de tomber »,** « Tu *peux* tomber » ou « Tu *pourrais* tomber ». Ainsi, vous mettez en garde votre enfant de ce qui peut **éventuellement** arriver s'il fait cela. Vous l'informez des risques potentiels qu'il encourt en faisant cette action, sans pour autant émettre la certitude que l'issue sera celle-là.
- **Préférez toujours l'éventualité plutôt que la certitude pour tous les faits du futur.** À moins que vous ayez des dons de voyance, vous ne savez pas plus que moi si votre enfant va tomber ou si ce jouet va casser. Ainsi, informez-le seulement des risques en disant : « Ça **risque** de casser » ou « Si tu montes dessus, **ça peut** casser ».

Avant/après

Avant de mesurer la nuance entre ces deux verbes, la maman de Paul lui disait machinalement, lorsqu'il entreprenait une action qui lui semblait dangereuse : « Attention Paul, tu vas tomber et tu vas te faire mal ! Tu vas même pleurer. » (Elle a bien confirmé qu'elle n'avait aucun don particulier pour lire dans l'avenir !)

Maintenant, elle a modifié son discours de la sorte : « Attention Paul, si tu montes là, tu risques de tomber. Et en tombant tu pourrais te faire très mal, ce serait dommage. »

Astuce n° 10

Laissez-lui le choix

« **Quand nous ne pouvons choisir,**
il faut se soumettre. »

Madame de Sévigné

Dès son plus jeune âge, votre enfant souhaite être acteur de sa vie et ainsi avoir l'opportunité de faire des choix le concernant. C'est notamment grâce à ces choix qu'il va pouvoir exister, s'affirmer et se faire sa propre expérience. Par ailleurs, proposer à votre enfant de faire un choix permet dans certaines situations d'éviter un conflit.

Dans la pratique

Laissez-lui le choix le plus possible, dès que la situation le permet, afin d'éviter de lui imposer les vôtres.

- **Concernant ses vêtements :** « Tu mets ce pantalon en toile ou ce jean ? »
- **Concernant le rangement de sa chambre :** « Tu ranges ta chambre avant ou après le goûter ? »
- **Concernant le menu :** « Tu vas manger de la soupe ou des légumes ? »
- **Concernant son hygiène :** « Tu prends une douche ou un bain ? »
- **Concernant l'histoire du soir :** « On lit ce livre ou celui-ci ? »

En lui laissant le choix de la sorte, vous constaterez que tout le monde sort gagnant. S'il n'est pas facile pour vous de mesurer l'importance de cette astuce, prenez juste quelques secondes pour vous demander ce que vous ressentez lorsque les choses vous sont imposées…

Avant/après

Inès n'aime pas trop les légumes et tous les soirs, le menu propose… des légumes ! Avant, ses parents lui disaient : « C'est ratatouille, tu n'as pas le choix, c'est comme ça ! »

Maintenant, ils lui laissent la possibilité de choisir en lui disant : « Tu préfères de la ratatouille ou bien finir la soupe d'hier soir ? » Inès est contente car elle a choisi ce qu'elle allait manger (même si nous sommes d'accord sur le fait qu'elle aurait préféré des frites !).

Astuce n° 11

Chaque enfant est unique

« Ne te compare à rien ni à personne :
tout être est unique. »

RAOUL VANEIGEM

Votre enfant a 2 ans et ne dit que « papa » et « maman » quand tous les enfants des copains du même âge font de longues et belles phrases grammaticalement élaborées. Vous avez vu votre médecin, RAS, tout est normal. Alors lâchez prise ! Il finira par parler un jour (peut-être même trop, direz-vous dans quelques années !).

Oui, je vous l'accorde c'est très tentant de lui dire que son frère aîné faisait mieux, que tous les enfants du même âge arrivent déjà à faire ce que lui échoue… mais rendez-vous compte à quel point c'est dévalorisant !

Aimeriez-vous entendre de votre patron : « Votre collègue est bien plus efficace que vous ! Elle a compris les choses beaucoup plus vite que vous ! » Pire encore, si votre mari ou votre épouse vous dit : « Mon ex faisait mieux la cuisine… et les câlins aussi d'ailleurs ! » où en est le baromètre de votre estime de vous à ce moment-là ? À –10 000 ? Normal ! Exactement comme votre enfant lorsque vous le comparez à son frère ou sa sœur sur des sujets où il est en « retard ».

Dans la pratique

- **Stoppez toute comparaison** entre un de vos enfants et son frère, sa sœur, son cousin, sa cousine, son copain, sa copine… si cette comparaison dévalorise l'une ou l'autre de ces personnes.
- **Considérez votre enfant comme un être unique.** Acceptez ses défauts comme ses qualités. Et admettez que ses imperfections soient différentes des vôtres ou de celles de la fratrie.
- **Respectez son rythme d'évolution et d'apprentissage** pour lui permettre de garder confiance en lui.
- **Ayez confiance en ses capacités** comme vous avez cru en lui lorsqu'il a appris à marcher. Vous saviez qu'il allait bien finir par comprendre comment mettre un pied devant l'autre et tenir en équilibre (sauf dysfonctionnement physique et/ou mental). À aucun moment vous n'avez douté de ses compétences et remis en question cet apprentissage ? Et pourtant, il est tombé environ deux mille fois. Il y avait de quoi se décourager ! Alors faites de même pour tous les autres apprentissages que votre enfant va faire au cours de sa longue carrière. Faites-lui confiance ! Croyez en lui. Encouragez-le même s'il se décourage et rassurez-le.

- **Si votre enfant se compare aux autres, précisez-lui bien que chacun fonctionne à son rythme**, et trouvez des domaines dans lesquels il est en avance (sans pour autant dévaloriser les autres) afin de le tranquilliser. Il est bien sûr possible de comparer votre enfant avec les autres si cette comparaison est gratifiante pour tout le monde (attention à ce qu'elle ne valorise pas un enfant au détriment d'un autre) : « Tu es aussi doué que ta sœur qui a appris à lire au même âge que le tien. » « Ton cousin Lucas a également appris à lire un peu plus tard et tu vois aujourd'hui comment il se débrouille très bien. »

Avant/après

Avant, les parents de Célia avaient tendance à la comparer facilement à sa sœur. Ils lui disaient : « Ta sœur avait de meilleures notes à l'école. Elle a marché six mois plus vite que toi. Je me souviens, quand on la chatouillait, elle riait aux éclats, toi tu fais la grimace ! »

Maintenant, ils sont vigilants et ont cessé les comparaisons. Il leur arrive de leur dire : « Nous sommes vraiment fiers de vous avoir comme filles. Vous êtes toutes les deux très gentilles, très intelligentes. Vous êtes également complémentaires et c'est génial ! »

Astuce n° 12

Vive les neurones miroirs !

« N'oublions pas que les enfants suivent les exemples mieux qu'ils n'écoutent les conseils. »

ROY LEMON SMITH

En 1990, le directeur du département de neurosciences d'une faculté de médecine italienne découvre les neurones miroirs. Les neurones miroirs sont des neurones qui s'activent aussi bien lorsqu'un individu effectue une action que lorsqu'il observe quelqu'un effectuer la même tâche ou encore lorsqu'il ne fait que s'imaginer en train de faire cet acte. Ces neurones serviraient donc à projeter une représentation de l'action, qu'elle ait lieu ou non. Car pour comprendre ce que fait un individu, un autre individu qui ne fait que l'observer doit activer les neurones qu'il utiliserait pour effectuer lui-même l'action. Exemple : que vous soyez en train de lire, de regarder quelqu'un lire ou de vous imaginer en train de lire, vous activez les mêmes neurones.

Dans la pratique

- **Observez les attitudes** que vous jugez inadaptées chez votre enfant.
- **Cherchez les éventuels points communs** avec vos propres conduites ou celles des frères et sœurs.
- **Changez le comportement directement à la source.** En changeant votre attitude, les neurones miroirs de votre enfant vont s'activer sur ce nouveau mode de fonctionnement et vous pourrez rapidement constater que ce que vous reprochiez à votre enfant a disparu ! Selon la problématique, un délai plus ou moins long sera nécessaire pour observer les premiers changements chez votre enfant. Ce peut être très rapide !
- **Ayez les bons comportements, même en jouant.** Si votre enfant se prend pour le docteur et vous fait une piqûre, quelle est votre réaction ? Dites-vous « Aïe ! » comme la plupart des parents ? Si tel est le cas, étant donné qu'il vous voit avoir mal, il risque d'en déduire que la piqûre fait mal. Ainsi, vous comprenez mieux pourquoi il va faire son vaccin à reculons. À l'inverse, si vous lui dites : « Ah merci, je suis guéri maintenant ! », il associera la piqûre à un acte positif qui soigne.

Avant/après

Pour répondre par la positive, Clément utilisait toujours le mot « ouais ». Ses parents le reprenaient régulièrement en lui disant très souvent qu'il était préférable de dire « oui ». Mais rien n'y faisait.

Lorsqu'ils ont eu connaissance des neurones miroirs, ils ont observé leurs comportements et ont pris conscience qu'ils employaient tous les deux le mot « ouais ». Ils ont décidé de cesser de reprendre leur fils et de changer leur propre attitude. Après plusieurs jours d'efforts et malgré quelques petites erreurs de parcours, ils ont constaté que, sans rien dire à leur enfant, il s'était mis naturellement à imiter ses parents et ainsi à répondre « oui ».

Astuce n° 13

Aidez-le à exprimer ses émotions

« Exprimer ses émotions,
c'est comme enlever les nuages noirs
devant le soleil pour laisser
pousser les fleurs. »

TANYA SENECAL

Tout va pour le mieux, quand tout à coup une jolie araignée aux longues pattes noires pointe son museau, et là c'est la panique !

Les émotions sont comme des bulles qui viennent se poser sur nos bras dès que nous les ressentons. Le réflexe humain tend vers l'évitement ou même le déni. En effet, ce peut être une solution.... mais seulement temporaire ! Car en enrayant l'émotion ou en vous changeant les idées, vous constaterez qu'elle est toujours en vous si vous repensez plus tard à l'événement qui avait provoqué cette émotion (parfois elle est même aussi intense que l'émotion ressentie initialement). En adoptant ce mode de fonctionnement, les émotions s'impriment dans vos cellules et peuvent rester marquées très longtemps (n'avez-vous jamais ressenti d'émotions fortes concernant des souvenirs qui dataient de l'enfance ?).

Votre enfant ressent de nombreuses émotions dans sa journée et il est important de lui permettre de les exprimer, car **tout ce qui n'est pas exprimé s'imprime**.

Dans la pratique

- **Procédez à un bilan journalier des émotions de votre enfant** en lui posant les questions suivantes (seulement s'il veut y répondre) :
  - T'es-tu senti triste au cours de ta journée ? Si oui, dans quel contexte ?
  - T'es-tu senti en colère au cours de ta journée ? Si oui, dans quel contexte ?
  - As-tu eu peur au cours de ta journée ? Si oui, dans quel contexte ?
  - As-tu été content au cours de ta journée ? Si oui, dans quel contexte ?
    Lors de ce questionnement, si votre enfant vous fait part d'une émotion, accueillez-la. Dites-lui que vous le comprenez, que c'est normal d'éprouver cela. Laissez-le vous expliquer ce qu'il a vécu et ce qu'il ressent.
- **Faites en sorte qu'il évite de réprimer ses émotions** en lui permettant de les exprimer librement et en bannissant les phrases telles que « Tu ne dois pas pleurer, tu es fort » ou « Je ne veux pas t'entendre ». En effet, en lui faisant ce type de remarques, non seulement l'émotion risque de s'imprimer en lui puisqu'il n'aura pas eu la possibilité de l'exprimer, mais en plus il risque

de développer des croyances restrictives de type : « Je dois être fort en toutes circonstances » ou « Je n'ai pas le droit de ressentir des émotions ». Ce simple questionnement est déjà une première étape vers la libération des émotions négatives. Si vous estimez que cela est nécessaire, vous pourrez poursuivre avec les outils mentionnés ci-dessous.

Cas concret

Lorsque Jean était petit, on lui répétait souvent qu'il était grand et qu'il ne devait pas pleurer. « Les hommes ça ne pleure pas », lui disait-on ! Cinquante ans plus tard, lorsque Jean a perdu son père, il en était très attristé. Il vivait très mal la disparition de son père et presque aussi difficilement sa « faiblesse » qui l'amenait à pleurer devant ses enfants. Pour lui, il devait être fort et pleurer était un signe de faiblesse. D'autant plus que son père, lui, avait été fort jusqu'à la fin. Or, n'est-ce pourtant pas normal de pleurer lorsque l'on vient de perdre un être cher ? A-t-on besoin de ressentir de la culpabilité en plus de cette immense tristesse ?

Pour compléter

- ✔ **« La méthode Sedona »,** Outil n° 2
- ✔ **« Les sous-modalités »,** Outil n° 3
- ✔ **« La roue qui tourne »,** Outil n° 4
- ✔ **« Les trois dessins »,** Outil n° 9

Astuce n° 14

Soyez positif

« La fin de quelque chose est toujours le commencement d'autres choses. »

Proverbe chinois

Apprenez à votre enfant dès son plus jeune âge que dans toute situation difficile il y a toujours du positif.

Dans la pratique

- **Invitez votre enfant à faire des phrases commençant par « Au moins »** dès qu'il vous fait part d'une chose négative. Cela peut vite devenir un jeu, voire un rituel. « Oh, c'est nul, il n'y a rien à la télé ! » :
  - Au moins, on va pouvoir faire un jeu tous ensemble !
  - Au moins, tu vas inviter un copain à jouer !
  - Au moins, on va faire la recette du gâteau dont tu me parlais ! OK, je vous l'accorde, la tournure de cette phrase n'est pas très jolie, mais au moins elle est très bénéfique !
- **Apprenez-lui très tôt que dans tout problème, il y a une solution.** Vous pouvez chercher ensemble la solution au problème qui se présente. Attention ! Pour être crédible, vous devez vous-même le croire… Si vous en doutez, demandez-vous si vous êtes déjà resté coincé dans une situation, ne serait-ce qu'une seule fois ? Bien sûr que non ! Observez que tout finit par bouger, même tardivement…
- **Invitez-le à tenir un carnet** dans lequel il notera chaque jour trois belles choses qui lui sont arrivées dans la journée. Il s'agit de trois émotions positives qu'il aura ressenties, aussi simples que :
  - J'ai dégusté un super dessert.
  - J'ai reçu un compliment.
  - J'ai rendu service à quelqu'un.
  - J'ai porté mes vêtements préférés.
  - J'ai obtenu une bonne note.

  Cet exercice aura pour effet de créer ou d'entretenir un mode de pensée positif.

Vous pouvez également, avec son accord, noter vous aussi trois belles choses qu'il a effectuées ou de bons comportements qu'il a eus pendant la journée. À défaut d'écrire, vous pouvez évoquer ensemble ces trois choses positives pendant le dîner. Plus vous valoriserez votre enfant, plus sa confiance en lui grandira.

La psychologie positive démontre que les émotions positives engendrent une spirale ascendante qui ouvre des portes vers le bien-être. Pour que cette action soit réellement mise à profit, il est vraiment important que votre enfant **note** les choses et ne fasse pas qu'y penser. Il est évident que s'il a cinq ressentis positifs à écrire au lieu de trois, c'est encore mieux !

- **Ne soulignez que les succès de votre enfant.** Il fait pipi au lit, il suce son pouce ou il adopte parfois un comportement inadapté, mettez en place avec lui un calendrier sur lequel il va pouvoir dessiner un grand soleil, un sourire ou tout autre symbole de réussite chaque jour de victoire. Il est inutile de dessiner les échecs. Il en a déjà conscience et ils sont suffisamment douloureux pour lui. En effet, imaginez ce qu'il ressentirait s'il voyait trois pauvres soleils perdus parmi vingt-sept nuages… Aimez-vous qu'on vous fasse remarquer vos erreurs, surtout lorsque vous ne les maîtrisez pas ?!

Avant/après

Avant, lorsque la mère d'Antonin avait prévu un goûter dehors et qu'il se mettait à pleuvoir, elle réagissait souvent de façon très négative : « Oh, c'est pénible, c'est toujours pareil, dès qu'on prévoit quelque chose, ça ne se passe jamais comme on veut ! » Les neurones miroirs amenaient Antonin à avoir le même type de réaction et à ronchonner. Sans parler des croyances limitantes que ça créait en lui (rien ne se passe jamais comme prévu).

Maintenant, lorsqu'il se met à pleuvoir, sa maman dit plutôt : « Au moins, on va faire ça à l'intérieur et on pourra regarder un film en même temps ! Nous ferons un autre goûter dehors une prochaine fois. Nous allons même pouvoir mettre la musique à fond sans déranger les voisins ! » Antonin vit cette « contrariété » de façon beaucoup plus positive.

Pour compléter

✔ **Métaphores : « Nourrir le loup » et « L'histoire du bol de lumière »,** Outil n° 16

Astuce n° 15

D'accord ou compris ?

« Comprendre est le commencement d'approuver. »

Baruch Spinoza

Lorsque vous expliquez quelque chose à votre enfant ou quand vous lui demandez d'effectuer une tâche, peut-être terminez-vous machinalement votre phrase par « d'accord ? ». Or, souhaitez-vous réellement recueillir l'adhésion de votre enfant ou bien juste vous assurer qu'il a bien compris ce que vous lui aviez dit ?

Dans la pratique

- **Supprimez le « d'accord ? » au profit du « compris ? »** si vous souhaitez juste savoir si ce que vous venez de dire à votre enfant est bien clair pour lui. S'il vous répond par la négative, vous pourrez lui demander ce qu'il n'a pas compris et reformuler votre demande.
- **Continuez d'utiliser le « d'accord ? »** en acceptant dans ce cas que votre enfant puisse y répondre par la négative.

  Compris ?

Avant/après

Avant, le père de Mathieu fonctionnait ainsi : « Je ne veux pas que tu regardes la télé le soir avant de dormir, d'accord ? » Et Mathieu répondait souvent « non » et endossait l'étiquette d'insolent.

Maintenant son père a juste reformulé sa question de cette façon : « Mathieu, je préfère que la télévision soit regardée dans la journée et que tu évites le soir, est-ce que tu comprends ? »

Astuce n° 16

Ayez conscience du pouvoir de vos mots...

« La Vérité, c'est l'interprétation que chacun se fait de chaque chose. »

VIVIEN BOURRIE

...pour ne pas qu'ils se transforment en maux...

Chacun interprète ce qu'il entend selon sa carte du monde. Si celle de votre enfant est différente de la vôtre, il est probable qu'il ne comprenne pas les choses comme vous souhaitiez les lui dire. Et cela peut parfois être très préjudiciable...

Dans la pratique

- **Vérifiez que votre enfant a bien interprété** ce que vous lui avez dit comme il le fallait. Lorsqu'il s'agit de sujets sérieux et qui peuvent prêter à confusion, vous pouvez lui demander de vous redire avec ses mots à lui ce qu'il a compris.
- **Anticipez les éventuelles conséquences de vos mots** en vous demandant comment votre enfant peut percevoir telle ou telle phrase. Si vous avez dit à votre enfant que son grand-père était mort car il était malade, soyez prudent la prochaine fois que vous aurez un rhume si vous lui dites que vous êtes malade. Même s'il est évident pour vous qu'il s'agit d'un simple rhume, le terme « malade » risque désormais d'être associé à la mort dans la tête de votre enfant.
- **Soyez le plus précis possible** en utilisant des adverbes et/ou des adjectifs qui viendront affiner vos paroles. « Ton grand-père était **très** malade, il s'agissait d'une maladie **très rare**. »
- **Formulez plusieurs fois la même chose avec des mots différents :** vous aurez ainsi plus de chances d'être bien compris et d'éviter les erreurs d'interprétation. Tout va très vite dans la tête de votre enfant, je vous assure ! Alors répétez, précisez, demandez, pour supprimer tout amalgame qui pourrait créer des peurs inutiles et dommageables.
- **Évitez de parler devant lui de vos peurs :** si vous voulez éviter de lui transmettre votre phobie des araignées, épargnez-le. Sans lui cacher votre peur, retenez-vous d'en parler devant lui et modérez au maximum vos réactions.

Cas concrets

Louane était apeurée à l'idée de prendre l'avion. Elle disait qu'elle avait peur de mourir. Mais contrairement aux gens qui ont peur que l'avion ne s'écrase, Louane, elle, était préoccupée par autre chose. Ce qui l'inquiétait tant, c'était le fait d'aller dans le ciel, là où était parti son grand-père quelques temps plus tôt... En effet, quoi de plus logique que d'avoir peur du ciel quand on nous a dit que c'était là où allaient les personnes qui mourraient ? !

Fabienne ne comprenait pas pourquoi elle était toujours stressée avant un événement, même si elle l'avait déjà vécu et qu'il n'y avait aucune raison logique à sa réaction. En creusant, elle s'est rendu compte que sa mère lui répétait très souvent lorsqu'elle était enfant : « Chose appréhendée, chose à moitié passée. » À travers cette phrase, sa mère sous-entendait que le fait d'anticiper l'événement par la pensée permettait de mieux le vivre. Or, Fabienne avait enregistré le terme « appréhender » sous son acception négative et avait donc compris qu'il fallait craindre la chose pour qu'elle soit à moitié passée.

Astuce n° 17

Tu peux ou tu veux ?

« La force ne vient pas
des capacités physiques,
mais d'une volonté invincible. »

GANDHI

Des phrases comme « Peux-tu m'aider s'il te plaît ? » peuvent en apparence sembler inoffensives. Et pourtant, si vous les analysez, vous pouvez rapidement prendre conscience de l'impact négatif qu'elles ont sur votre enfant.

En effet, si vous recherchez la définition du verbe « pouvoir » dans le dictionnaire, vous y lirez notamment ceci : « Avoir la **capacité** de faire quelque chose. » Ainsi, lorsque vous demandez à votre enfant s'il **peut** vous aider, vous sous-entendez que vous doutez de sa capacité à faire ladite chose. Or, est-ce sa capacité que vous sollicitez ou sa volonté ?

Dans la pratique

Demandez à votre enfant : « Veux-tu bien m'aider s'il te plaît ? » à la place de « Peux-tu m'aider s'il te plaît ? ». Vous constaterez d'ailleurs qu'il lui sera plus difficile de refuser…

Astuce n° 18

Prenez au sérieux ses peurs

> « La peur est la sœur
> de l'imagination. »
>
> Roseline Cardinal

Votre enfant vous fait part de sa peur des sorcières, des loups, des monstres ou de toute autre créature imaginaire ? Accueillez ses émotions ! Oui, nous sommes d'accord sur le fait que ces êtres légendaires n'existent pas ! Cependant, il est complètement inutile de vous fatiguer à le lui répéter. Car tout d'abord, souvenez-vous que l'inconscient n'entend que les phrases positives. Et même si vous faisiez attention de n'employer que des phrases expliquant à votre enfant que les loups, les sorcières, les monstres… sont des personnages imaginaires irréels dans notre monde, il n'en tiendrait pas compte. En effet, pour lui, ce monstre, cette sorcière ou ce loup est vraiment là, il l'a vu, il le sent ! Il l'a peut-être même entendu !

Dans la pratique

- **Rappelez-lui quand même**, dans un premier temps, **que toutes ces créatures « imaginaires » n'existent que dans les livres et dans les films**. Vous pouvez d'ailleurs en profiter pour lui expliquer la définition du mot « imaginaire ». Cela va permettre de rassurer quelque peu votre enfant, mais ne suffira peut-être pas à lui ôter complètement sa peur.
- **Posez-lui la question : « De quoi as-tu besoin pour être rassuré ? »** et accompagnez-le suivant sa réponse.
- **Décrédibilisez ce monstre :**
  - **en le transformant** afin de lui enlever de l'importance aux yeux de votre enfant. « Et si tu lui fais* baisser le son de sa voix pour que tu ne l'entendes presque plus ? », « Et si tu utilises* une baguette magique pour la réduire à la taille d'une fourmi ? », « Et si tu lui mets* un nez de clown et des jambes en spaghetti ? », « Veux-tu changer sa voix pour la rendre ridicule ? »... Laissez libre court à votre imagination, et surtout à celle de votre enfant ! Faites-lui confiance... Ouvrez-lui la voie, il saura continuer !

    ** Le présent est volontairement utilisé afin de rendre le changement immédiat et non pas l'envisager dans un futur au risque que cela prenne beaucoup plus de temps !*

  - **en le dévalorisant :** « Les livres racontent que le grand méchant loup fait peur aux enfants, n'est-ce pas ? Mais ce que l'on ne t'a pas dit, c'est qu'il a été sévèrement puni par son papa après avoir soufflé sur la maison des petits cochons ! Eh oui le loup aussi a un papa ! Et son papa est très fâché de voir son fils faire des choses pareilles ! D'ailleurs, il lui a mis une si grosse punition qu'il a arrêté de faire peur aux enfants pour toujours ! » « Tu savais que cette sorcière s'était retrouvée toute nue dans la rue ? Tout le monde rigolait. »

- **Trouvez avec lui un « antidote »** en lui disant par exemple : « J'ai lu un jour dans un livre que, pour se débarrasser définitivement des sorcières (ne pas parler de la peur des sorcières mais des sorcières en elles-mêmes), il suffisait de placer sous son lit (ou dans l'armoire, ou sous l'oreiller... choisissez l'endroit le plus approprié pour votre enfant) un sachet de ... (Je vous laisse faire fonctionner votre imagination ! Si vous êtes à court d'idées, vous pouvez dire : « de lavande », « de billes », « de fleurs séchées », « de savon »...) Il paraît qu'elles n'aiment pas l'odeur ou l'aspect et que ça les fait fuir pour toujours. On essaye ? »

  Ça fonctionne aussi pour les cauchemars ou d'autres peurs. Il faut cependant adapter l'antidote à votre enfant. Il doit être convaincu de ce dont vous lui parlez. Et pour ce faire, vous devez être convaincant (voir Astuce n° 6) !

- **Créez avec lui un nouveau monstre** ou un nouveau personnage qui fait encore plus peur, afin de faire fuir l'autre. Prenez le temps de lui faire décrire tous les détails. Quelle taille fait-il ? Comment est son visage ? Ses couleurs ? Est-ce qu'il a un cri particulier ? Qu'est-ce qui fait peur chez lui ? Qu'est-ce qui va faire peur à l'autre monstre ?

Si vous ne mesurez pas (ou plus) l'importance des peurs que vit votre enfant, demandez à vos parents de vous remémorer ce que vous craigniez le plus lorsque vous étiez enfant, et comment vous réagissiez quand vous étiez dans la situation... Si vous souffrez d'une phobie, ne vous arrive-t-il jamais d'avoir des réactions incontrôlées, voire exagérées ? Alors gardez cela en mémoire et ayez conscience de ce que votre enfant peut ressentir face à un énorme monstre (beaucoup plus effrayant qu'une jolie petite souris inoffensive !).

Cas concret

Mathilde ne parvenait plus à dormir, persuadée qu'il y avait sous son lit une sorcière qui lui voulait du mal. Sa maman avait essayé de la consoler, de la rassurer en disant que les sorcières n'**existaient** pas, mais rien n'y faisait. J'ai conseillé à cette maman de rappeler à sa fille que les sorcières n'existaient que dans les livres et dans les films, et de lui dire qu'elle avait justement regardé un film dans lequel toutes les sorcières étaient parties de la maison dès qu'elles avaient senti l'odeur du romarin, qu'elles détestaient. Elle a donc invité Mathilde à aller dans le jardin cueillir quelques brins de romarin afin qu'elle les mette dans un sachet qu'elle placerait sous son lit, pour faire fuir l'éventuelle sorcière qui aurait pu y être (mettre du conditionnel). La peur a disparu en même temps que la sorcière !

Pour compléter

- ✔ **« La méthode Sedona »**, Outil n° 2
- ✔ **« Les sous-modalités »**, Outil n° 3
- ✔ **« La roue qui tourne »**, Outil n° 4
- ✔ **« Les trois dessins »**, Outil n° 9

Astuce n° 19

Utilisez sa passion

« Rien de grand ne s'est accompli
dans le monde sans passion. »

FRIEDRICH HEGEL

Votre enfant est passionné de cheval, de danse ou de dinosaures et vous rêvez qu'il soit autant captivé par ses tables de multiplication ou par son cours d'histoire ? Mais malheureusement il déteste cela et ne parvient pas à retenir ce qu'il tente d'apprendre. Et si vous joigniez l'utile à l'agréable en associant les deux ?

Dans la pratique

- **Proposez-lui d'utiliser sa passion pour effectuer la tâche qu'il a à faire.** Ainsi, il va pouvoir multiplier les chevaux, faire danser les chiffres ou encore les transformer en dinosaures, par exemple.

Pourquoi ne pas faire une vidéo dans laquelle les poupées racontent l'histoire de la vie de Napoléon ? Votre enfant adaptera à sa manière votre proposition pour se l'approprier au maximum.

- **Permettez-lui d'avoir un point de vue différent** sur ce qui le repoussait jusqu'à présent. En effet, en rendant son devoir ludique, vous allez l'amener à changer de point de vue sur quelque chose qu'il trouvait rébarbatif jusqu'à présent.
- **Utilisez sa passion lorsqu'il se trouve face à un obstacle :** demandez-lui comment il ferait s'il était sur son cheval ? Et s'il arrivait devant cet obstacle en dansant ? Et comment ferait un dinosaure face à cette difficulté ?

Vous avez lu l'Astuce n° 2 donc vous savez désormais que plus votre enfant semble ne pas écouter et plus il imprime ! Alors profitez de cela pour l'inviter à lire un livre ou jouer dans sa chambre tout en lui lisant son cours d'histoire ou en lui récitant ses tables de multiplication. Vous pouvez avoir la frustrante impression que ce que vous faites ne sert à rien. Faites-le et testez ensuite. Vous verrez que votre enfant retiendra beaucoup plus rapidement ! Et l'apprentissage sera bien plus ludique pour tout le monde !

Cas concrets

Avant, les parents d'Alice s'emportaient lorsqu'elle se plaignait de ne pas parvenir à apprendre sa poésie. Ils lui disaient qu'il fallait bien qu'elle la sache, que c'était comme ça et qu'elle n'avait pas le choix.

Maintenant, s'ils la voient découragée, ils lui proposent : « Et si tu jouais à la maîtresse ? Tu pourrais être la maîtresse et faire réciter à tes élèves chacun leur tour ?! Et s'ils ont encore besoin de la relire un peu, tu pourrais la relire toi ! » Alice part dans sa chambre apprendre sa poésie avec beaucoup plus d'enthousiasme.

Astuce n° 20

Souvenez-vous

« L'enfance est un voyage oublié. »

Jean de La Varende

Il y a plusieurs années (voire plusieurs décennies...) de cela, vous avez été un enfant. Vous êtes passé par les différentes peurs de l'enfance et vous avez vécu cet état d'hypnose quasi permanent, cet état qui vous permettait non pas de jouer, mais d'**incarner** réellement le personnage, de ressentir ses émotions aussi bien positives que négatives, sa force, son courage, sa sagesse... Cet état qui vous permettait de créer des histoires, des situations, d'inventer des amis imaginaires...

Dans la pratique

- **Reconnectez-vous à cet enfant intérieur qui est toujours en vous**, cet enfant qui détient la créativité, la naïveté, la spontanéité, le jeu.
- **Souvenez-vous à quel point vous viviez intensément vos émotions**, également pour des choses qui vous semblent si futiles aujourd'hui :
  - lorsque vous étiez fâché avec un copain ;
  - lorsque vous deviez parler à un adulte ;
  - lorsque vous entendiez un bruit sous votre lit ;
  - lorsque vous pensiez au grand méchant loup ;
  - lorsque vos parents refusaient de céder à votre demande ;
  - lorsque vous aviez fait une grosse bêtise ;
  - lorsque vous avez embrassé quelqu'un pour la première fois ;
  - etc.
- **Rappelez-vous lorsque vous jouiez au papa et à la maman** à quel point vous étiez dans votre rôle et comment vous oubliiez tout le reste autour de vous.
- **Remémorez-vous cette excitation avant Noël**, quand vous vous demandiez si vous alliez recevoir ce cadeau tant attendu. Tentez de ressentir de nouveau, juste quelques instants, ces émotions. Plus vous essaierez, et plus vous y parviendrez facilement. Et en vous reconnectant à votre âme d'enfant, vous serez à même de mieux comprendre votre enfant.

Vous avez grandi et évolué bien sûr. Peut-être que vous vous êtes forgé une carapace, mais **prenez conscience que votre enfant, lui, n'est encore qu'un enfant.** Soutenez-le, accompagnez-le pour limiter au maximum ces « casseroles » qui pourraient le suivre dans sa vie d'adulte. Demandez-vous si vous souhaitez que votre enfant devienne qui il est vraiment ou ce que vous souhaitez qu'il soit...

Avant/après

Avant, le père d'Antoine faisait complètement abstraction de sa vie d'enfant. Il l'avait un peu oubliée. Alors il ne comprenait pas pourquoi Antoine avait si peur d'aller parler à son professeur d'anglais. Il s'énervait en lui disant : « Ce n'est pourtant pas bien compliqué ! » Toutes ces choses étaient devenues des futilités...

Jusqu'au jour où il a accepté de se reconnecter à son âme d'enfant, de chercher à se souvenir et de faire le parallèle (sans pour autant comparer son enfant à lui-même petit). Il a ressenti une nouvelle fois ces émotions, ces odeurs, ces sensations qui avaient bercé son enfance. Il a pu mieux comprendre ce qu'Antoine pouvait ressentir lorsqu'il se trouvait face à son professeur. Et il le lui a dit. Depuis ce jour, Antoine est beaucoup plus serein car il est compris.

Sommaire

Les outils

Maintenant que vous avez pris connaissance des bases et que vous avez mis en application certaines d'entre elles, vous allez pouvoir les compléter avec les différents outils proposés ci-après.

Vous avez la liberté d'en utiliser un ou plusieurs et de les adapter afin de vous les approprier pleinement.

Certains afficheront des résultats quasi immédiats alors que d'autres auront besoin d'un peu plus de persévérance.

Vous trouverez à la fin de la plupart des outils une partie nommée «En bref» qui reprend de façon synthétique les différentes étapes à suivre pour utiliser cet outil. Il est conseillé d'avoir lu au moins une fois les étapes détaillées avant de suivre le résumé.

Numéro de l'outil	Page	Thème	Les émotions	La douleur	Le calme intérieur	Les cauchemars	Les phobies	Le deuil, les liens	Les relations	La communication
1	95	Faire disparaître une douleur								
2	101	La méthode Sedona								
3	105	Les sous-modalités								
4	115	La roue qui tourne								
5	119	Faire le deuil, couper les liens								
6	123	Faire comme si								
7	127	La respiration libératrice								
8	131	Le clone								
9	135	Les trois dessins								
10	139	Les bonshommes allumettes								
11	143	La clenche parlante								
12	147	La communication connectée								
13	151	L'ancrage								
14	153	La méditation								
15	157	Les histoires qui guérissent								
16	163	Des métaphores à méditer								
17	169	Autres grigris et aides thérapeutiques								

Outil n° 1

Faire disparaître une douleur

Votre enfant vient de tomber. Et en plus il saigne. Vous vous dites qu'il doit avoir très mal. Vous le plaignez, peut-être même criez-vous. Vous prononcez quelques phrases rassurantes du genre : « Ne t'**inquiète** pas », « Ça ne fait pas **mal** », « Ne sois pas **triste** », « Ne **pleure** pas » (voir Astuce n° 1).

Il est important de vous demander ce dont votre enfant a besoin à ce moment bien précis. Que sa douleur soit entretenue ou qu'il soit soulagé au plus vite ? Si vous l'encouragez à se concentrer sur sa douleur en restant trop longtemps dessus, il va donc continuer à la ressentir et il risque même de l'amplifier. Alors que si au contraire vous le distrayez, si vous lui changez les idées ou si vous l'amenez à penser à des choses qui lui plaisent, vous pratiquez sans le savoir de l'hypnose. Et vous verrez qu'il va s'éloigner très vite de sa douleur, et la laisser partir. En effet, les enfants ont cette grande faculté de vite oublier !

Parfois, il arrive peut-être que votre enfant vous regarde pour savoir s'il doit pleurer ou rire. N'avez-vous pas observé que c'était votre réaction qui guidait la sienne ?

Et vous, n'avez-vous jamais remarqué comment vos soucis et douleurs peuvent être absents quand vous êtes bien occupé ? Et c'est tout à fait normal, puisque quand vous êtes bien absorbé dans vos pensées, vous êtes en état d'hypnose ou dans un état très proche. La douleur s'estompe voire disparaît pendant ce laps de temps.

Dans la pratique

Il est évident que si la chute nécessite une intervention médicale, la priorité reste d'effectuer les démarches de première urgence. Dès que celles-ci sont faites, en attendant l'intervention d'un médecin et dans toutes les autres situations :

- **Attrapez le bobo** en passant votre main à l'endroit où il a mal. Dites à votre enfant que vous êtes en train de prendre ce bobo en serrant votre poing comme si vous le teniez dedans. Ensuite, demandez-lui ce qu'il veut en faire. Vous pouvez le donner à Papa, à la grande sœur, ou l'envoyer directement par la fenêtre en lui disant au revoir. Votre enfant préférera peut-être le jeter lui-même. Continuez de regarder avec lui le bobo partir aussi longtemps que c'est nécessaire, jusqu'au moment où vous sentirez que votre enfant est prêt à passer à autre chose.

Si c'est le grand frère ou la grande sœur qui se fait mal, il/elle risque de trouver ridicule d'aller jeter son bobo dehors. Vous pouvez demander au petit frère ou à la petite sœur de le faire. L'aîné se laissera vite emporter dans cette mise en scène amusante et oubliera rapidement les petits maux qui le tracassaient.

Gardez en mémoire que l'objectif est de distraire votre enfant afin de lui faire oublier sa douleur. Ainsi, vous pouvez laisser libre cours à votre imagination et broder en toute liberté autour de ces conseils.

Cet outil peut être utilisé dès le plus jeune âge. Plus il l'appliquera de bonne heure, plus il le rendra automatique en grandissant.

- **Faites-lui un bisou magique :** vous pouvez présupposer à votre enfant que ce bisou va guérir tous ses bobos. (Attention à employer une formulation positive. Ne pensez surtout pas au chat rose !)
- **Faites appel à Doudou** (voir Outil n° 17) : pourquoi Doudou ne pourrait-il pas par exemple manger le bobo pour le faire disparaître ? Les doudous savent faire de si belles choses... Très vite, dites à votre enfant que c'est Doudou qui s'est fait mal et qu'il faut le soigner afin de détourner son attention de la douleur.

Lorsqu'il s'agit d'une simple chute ou d'une autre douleur ne nécessitant pas d'intervention particulière, vous pouvez agir avant même qu'il ne se relève.

- **Applaudissez-le :** « Bravo ! Quel champion du monde ! Tu as vu la beauté de la chute que tu viens de faire !... » Il risque d'être surpris et c'est justement l'effet de la surprise qui va lui faire oublier le petit malheur qui vient de se passer.

- **Chantez-lui sa chanson préférée** ou récitez-lui sa réplique télé préférée : « Libéré, délivré, je ne tomberai plus jamais. »
- **Faites appel à l'humour, à la rigolade :** « Et si on faisait une croix sur le mur de ta chambre à chaque fois que tu tombes ! Allez, viens !... » Trouvez ce qui le distraira le plus. Vous verrez à quel point c'est efficace ! Et surtout, insistez même s'il continue de pleurer un peu au début. « Je suis désolé mon chéri, je n'ai pas bien vu ta chute, est-ce que tu veux bien me la refaire, mais au ralenti s'il te plaît ? Allez... Rien que pour moi ! » « Oh, c'est vraiment dommage que je ne t'aie pas filmé à ce moment-là, car nous aurions pu te faire passer à la télévision ! » « Regarde la table, elle a un trou ! La pauvre table ! »
- **Donnez-lui un gage :** beaucoup de centres équestres invitent les enfants qui tombent à faire un gâteau. De la même façon, vous pouvez trouver un gage gentil et ludique (qui reste cependant légèrement contraignant) et que votre enfant fera en cas de chute ou de bobo.

Si votre enfant a besoin d'exprimer sa douleur, surtout accueillez-la. Il est important de comprendre et de croire en sa douleur puisqu'elle est bien présente. Puis rebondissez rapidement en utilisant un des conseils cités.

- **Faites-le fixer un point :** il s'agit là d'une technique d'hypnose instantanée pour couper les pensées et la douleur qui fonctionne aussi bien pour les enfants que pour les adultes. Invitez-le à placer son regard sur quelque chose de précis (il peut s'agir d'un point, mais aussi d'un poisson dans l'aquarium, de la flamme d'une bougie, des chiffres du radio-réveil ou du feu de cheminée...). Il va pouvoir créer un lien virtuel entre ses yeux et le point et garder tout au long de l'expérience son regard sur la cible choisie. Puis, en restant toujours sur son point, faites-lui progressivement élargir son champ de vision, en prenant conscience de tout ce qu'il y a à gauche du point (les yeux restant fixés sur l'objet choisi). Quelques instants après, il va ouvrir encore son regard en percevant ce qu'il y a sur la droite (les yeux toujours sur le point), puis en haut, et en bas… Il va donc avoir une vision périphérique de tout ce qu'il y a autour du point. En faisant cela, il va se « couper » de sa douleur. Laissez-le fixer le point aussi longtemps qu'il en a envie.

- **Posez vos mains là où il a mal** et imaginez que vous envoyez de l'énergie ou de la lumière dessus. Restez ainsi quelques secondes ou minutes jusqu'à ce que votre enfant vous dise qu'il se sent apaisé. Vous pouvez également souffler doucement à l'endroit de la gêne toujours en visualisant une énergie que vous envoyez et ce jusqu'à apaisement.

Exemple

Martin vient de tomber de son vélo.

« Oh, tu es tombé mon chéri ! Où t'es-tu fait mal ?

– Au genou.

– D'accord. Je n'ai pas bien vu ta chute, est-ce que tu veux bien rembobiner le film pour que je voie mieux ?! Ça avait l'air d'être fantastique, on aurait dit un cascadeur ! Qui met le bobo dehors ? C'est toi ou c'est moi ? (Les questions permettent de détourner l'attention.)

– C'est toi !

– OK, je l'attrape dans mes mains, ça y est ! Où veux-tu que je le jette ? Dehors ! Tu m'ouvres la porte s'il te plaît ? »

En général, c'est terminé à ce stade. Mais libre à vous de continuer si vous sentez que c'est nécessaire.

Pour compléter

- **« La méthode Sedona », Outil n° 2**
- **« Les sous-modalités », Outil n° 3**
- **« Faire comme si », Outil n° 6 (pour « couper » la douleur si elle est déjà présente et/ou pour l'anticiper, en cas de vaccin par exemple)**
- **« Les trois dessins », Outil n° 9**
- **« L'ancrage », Outil n° 13**
- **« La méditation », Outil n° 14**

En bref

- Prendre au sérieux sa douleur.
- Détourner au plus vite son attention en faisant appel à une ou plusieurs stratégies comme :
  - attraper le bobo et le jeter ;
  - faire un bisou magique ;
  - transférer le bobo sur Doudou et soigner Doudou ;
  - utiliser l'humour : applaudir, rire (sans se moquer !) ;
  - donner un gage ;
  - chanter une chanson ;
  - fixer un point ;
  - poser les mains là où il a mal ou souffler.

Outil n° 2

La méthode Sedona

Technique issue du livre *La Méthode Sedona* de Hale Dwoskin

Voici un merveilleux outil pour aider votre enfant à se débarrasser de façon très rapide et ludique d'une émotion qui l'envahit (il est également très efficace chez l'adulte). Ses résultats sont surprenants et instantanés.

Dans la pratique

- **Interrogez votre enfant pour savoir ce qu'il ressent sur le moment** (c'est indispensable que votre enfant ressente l'émotion lorsqu'il fait l'exercice). La colère, la peur, la tristesse... doit être présente maintenant.
- **Invitez-le à nommer l'émotion** (s'il ne parvient pas à mettre de mots dessus, passez directement à l'étape suivante).
- **Demandez-lui s'il est d'accord d'accueillir cette émotion** qui est déjà là. Il est important qu'il accepte le fait qu'elle soit là (pour mieux la laisser partir ensuite).
- **Proposez-lui de prendre un objet** (une écharpe, un nounours, un mouchoir, un crayon...) dans une main (ou dans les deux). **Dites-lui de serrer cet objet aussi fort qu'est l'émotion qu'il ressent** et d'imaginer qu'il la transfère dans cet objet.
- **Questionnez-le pour savoir si oui ou non il peut lâcher cette émotion.** Même s'il répond « non », passez à l'étape suivante.
- **Voyez ensuite si oui ou non il veut lâcher cette émotion.**
- **Puis demandez-lui d'exprimer quand il va la lâcher :** « Dans un an ? Dans une semaine ? Tout de suite ? », jusqu'à ce qu'il lâche l'objet.

  S'il répond « non » (ce qui est assez rare), questionnez-le pour savoir si une peur ou un blocage l'empêchent de lâcher cette émotion. Normalement il répondra par la positive. Dans ce cas, invitez-le à reprendre les différentes étapes en transférant d'abord dans l'objet cette peur ou ce blocage qui l'empêchent de lâcher son émotion. Une fois la peur ou le blocage lâchés, vous pouvez reprendre le processus avec l'émotion de base qu'il ressentait (à moins qu'elle soit déjà partie, ce qui est fréquent).

Cette méthode peut également être utilisée sans objet particulier, juste en serrant le ou les poings (le phénomène de serrage est très important). Laissez libre cours à l'imagination de votre enfant pour lui permettre de se l'approprier à sa façon. Il est fort possible qu'il aille plus vite que vous dans le déroulé. Laissez faire. Vérifiez juste avec lui que l'émotion est bien partie, puisque c'est l'objet de cet exercice, n'est-ce pas ?

Elle fonctionne également très bien sur une douleur physique, une nausée ou un point de côté.

Une émotion pouvant en cacher une autre, il est tout à fait possible que votre enfant se sente triste une fois qu'il aura lâché sa colère. Dans ce cas, utilisez cet outil sur toutes les émotions ressenties jusqu'à ce qu'il vous dise que ça ne lui fait plus rien.

Exemple

Morgane, 14 ans, reçoit un SMS de sa meilleure amie qui lui fait des reproches.

« Que ressens-tu en lisant ce message ?
– De la colère !
– OK, veux-tu bien accueillir cette colère ?
– Non, puisque je veux qu'elle s'en aille !
– Je comprends ta réaction. Cependant, accueillir signifie accepter qu'elle soit là, dans l'instant. Accueillir une émotion est ce qu'il fait qu'elle pourra partir ensuite. Si tu ne l'accueilles pas, c'est un peu comme si tu ne voulais pas la voir. Et comment la faire partir si tu ne la vois pas ?
– Ah OK, dans ce cas d'accord !
– Donc tu vas pouvoir serrer tes poings de toutes tes forces en imaginant envoyer dedans toute cette colère. Serre aussi fort qu'est cette colère que tu ressens. Continue de serrer tout en me disant si oui ou non tu pourrais lâcher cette colère.
– Oui.
– Est-ce que oui ou non tu veux lâcher cette colère ?
– Oui !

– Quand ça ? Dans un an ? Dans un mois ? Dans une semaine ? Maintenant ?
– Maintenant !
– Super, alors quand tu es prête, tu peux laisser tes mains s'ouvrir… »

Et la colère s'en va, instantanément. S'il en reste un tout petit peu, on peut refaire les mêmes étapes jusqu'à ce qu'elle ne ressente plus de colère. Si elle ressent désormais de la tristesse, c'est tout à fait normal. Dans ce cas, on procèdera de la même façon avec la tristesse.

Pour compléter

Cette méthode se suffit entièrement à elle-même. Vous pouvez toutefois, si vous le souhaitez, utiliser également les outils suivants pour la gestion des émotions :

- ✔ **« Les sous-modalités »,** Outil n° 3
- ✔ **« La roue qui tourne »,** Outil n° 4
- ✔ **« Faire comme si »,** Outil n° 6
- ✔ **« La respiration libératrice »,** Outil n° 7
- ✔ **« Le clone »,** Outil n° 8
- ✔ **« Les trois dessins »,** Outil n° 9
- ✔ **« L'ancrage »,** Outil n° 13
- ✔ **« La méditation »,** Outil n° 14

En bref

- Se concentrer sur l'émotion ressentie et éventuellement la nommer
- Accueillir cette émotion
- Serrer fort les poings ou l'objet en envoyant l'émotion dedans
- « Est-ce que tu peux lâcher cette émotion ? »
- « Est-ce que tu veux lâcher cette émotion ? »
- « Quand vas-tu la lâcher ? »
- « Que ressens-tu maintenant quand tu penses à ça ? »

Outil n° 3

Les sous-modalités

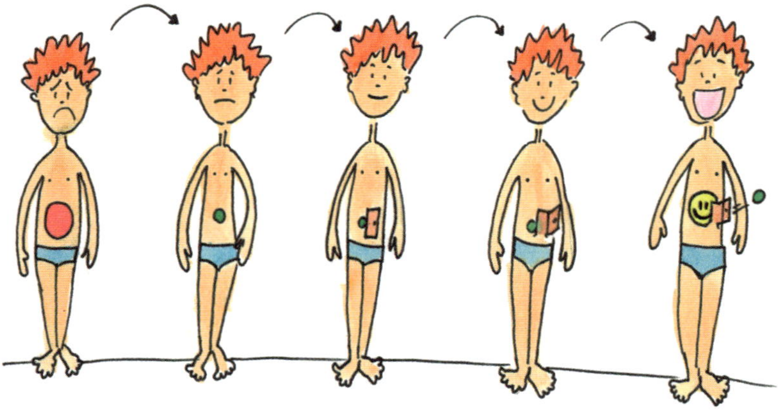

Votre enfant a fait un cauchemar, il a peur des chiens, il a une petite voix qui lui répète sans arrêt qu'il est nul ou bien il a une boule dans le ventre avant d'aller à l'école. Alors vous allez pouvoir « explorer » ce problème avec les sous-modalités, cet outil ludique et très efficace ! Les sous-modalités vont permettre de changer la perception que votre enfant a de son problème et ainsi le laisser partir très facilement.

Dans la pratique

Avant de commencer, il est important de connaître le canal sensoriel que votre enfant utilise pour se représenter son problème. Comment perçoit-il son problème ?

- Est-ce une image ? Une vidéo ? **C'est le canal visuel.**
- Est-ce une voix ? Une musique ? Un son ? Un cri d'animal ? **C'est le canal auditif.**
- Est-ce une sensation qu'il ressent dans son corps ? La tête lourde ? Un nœud dans l'estomac ? Une boule dans la gorge ? **C'est le canal kinesthésique.**

Une fois que vous avez trouvé le canal sensoriel que votre enfant utilise, vous pouvez procéder comme suit :

Si le canal est visuel

Votre enfant vous dit qu'il a une image dans la tête qui lui fait peur.

- **Invitez-le dans un premier temps à sortir cette image de sa tête**, pour la faire apparaître dans la pièce.
- **Demandez-lui où l'image se situe maintenant.** Devant lui/derrière lui ? En haut/en bas ? Faites-lui décrire au maximum cette image (dimensions, couleurs/noir et blanc, floue/nette, endroit/envers…).
- Et maintenant, comme il le ferait avec une photo sur un ordinateur ou une tablette, **il peut transformer cette image à souhait !** Demandez toujours à votre enfant ce qu'il veut en faire et si le résultat lui convient, car c'est son image ! Lui seul sait ce qui est le meilleur pour lui (en effet, ce qui est bon pour lui ne l'est peut-être pas pour vous et *vice versa*) ! Il va donc pouvoir la peindre, la rétrécir, la déchirer, la brûler, l'envoyer dans une montgolfière… Faites-lui confiance, il se prendra très vite au jeu ! Si besoin, vous pouvez lui faire des propositions, en le laissant toujours prendre la décision finale ; et veillez à ce qu'il ne vous dise pas « oui » pour vous faire plaisir.
- **Très important !** La nature n'aimant pas le vide, une fois l'image totalement disparue, **il est indispensable qu'il comble l'espace**

par une autre image, de nature positive. Demandez-lui des détails sur cette nouvelle image (dimensions, couleurs…). Elle pourra être placée à l'endroit où était rangée la première image dans sa tête. **Vérifiez avec lui que la première a bien complètement disparu.** Sinon, reprenez au début.

Voici des exemples de termes qui peuvent être utilisés pour travailler avec le canal visuel, afin de modifier l'image ou la vidéo d'origine :

Droite/gauche	Haut/bas
Coloré/noir et blanc	Devant/derrière
Proche/loin	Rapide/lent
Agréable/désagréable	Flou/net
Endroit/envers	

Si le canal est auditif

On peut faire exactement la même chose avec un son, une voix ou un bruit dérangeant.

Votre enfant vous dit qu'il entend en permanence la voix d'une sorcière :

- **Questionnez-le pour savoir si cette voix est plutôt forte/faible, douce/criarde…**
- **Interrogez-le sur l'origine de cette voix.** Si elle est dans sa tête, où est-elle précisément ? À gauche ? À droite ? Où prend-elle naissance ? Dans quoi ? Dans un haut-parleur ? Dans un écouteur ? Depuis la bouche de la personne elle-même ?
- **Demandez-lui ensuite ce qu'il veut en faire**, l'idéal étant de la faire sortir.

- **Invitez votre enfant à transformer la voix selon ses désirs :** il peut la faire parler au ralenti, la rendre ridicule, baisser le volume jusqu'à la rendre à peine perceptible…
- **Puis voyez avec votre enfant comment il va la faire sortir et par où.** Il peut imaginer une porte, un aspirateur, la laisser sortir par son oreille…
- Une fois qu'elle a totalement disparu, invitez-le à **combler l'espace vide par une voix positive, une musique agréable ou le chant des oiseaux** (toujours utiliser un élément du même canal sensoriel que celui enlevé).

Voici des exemples de termes qui peuvent être utilisés pour travailler avec le canal auditif, afin de modifier la voix ou le son d'origine :

Volume fort/faible	Vocal/non vocal
Proche/lointain	Sourd/assourdissant
Lent/rapide	Harmonieux/discordant
Répétitif/unique	Soudain/progressif
Intérieur/extérieur	Apaisant/angoissant
Grave/aigu	Mono/stéréo
Continu/bref	Naturel/artificiel
Rythmé/aléatoire	Écho/sans écho
Connu/inconnu	Brouillé/net
Monotone/varié	Unique/multiple
Naturel/synthétique	Crescendo/decrescendo
Étouffé/raisonnant	

Si le canal est kinesthésique

Vous avez désormais compris cette merveilleuse approche, que vous pourrez également utiliser sur les sensations corporelles ou sur les douleurs telles qu'une boule dans le ventre, un nœud dans l'estomac, une pointe dans la tête…

- **Invitez-le à décrire le plus possible la sensation.** « C'est comme quoi ? » Faites-lui dans un premier temps **se représenter symboliquement le problème** : boule, nœud, barre… et préciser sa couleur, sa forme, son poids…
- **Voyez avec lui ce qu'il souhaite en faire.** S'il vous indique qu'il veut qu'il sorte, **faites-le préciser de quelle façon, par où.** Puis, toujours avec l'aide de l'imaginaire, tracez le parcours de cet objet vers sa sortie. **Demandez à votre enfant ce dont il a besoin pour lui permettre de le sortir plus rapidement.** Une petite porte sur le ventre, un aspirateur très puissant…
- **Pensez toujours à lui faire combler l'espace vide par une sensation agréable, une fois le problème parti.** S'il vous dit qu'il veut mettre de la joie dans son ventre, demandez-lui comment il se représente la joie, sous quelle forme. Faites-le préciser la taille, la couleur, la sensation…

  Si vous sentez qu'il lui est difficile de faire sortir son problème ou que cela résiste un peu, alors mettez-le entre parenthèses quelques instants. Invitez-le à vous décrire le plus précisément possible ce qu'il va installer en lui une fois qu'il sera débarrassé de l'objet de son mal-être. Jonglez plusieurs fois entre le problème et la solution jusqu'à ce que la sensation désagréable soit sortie de lui.

Voici des exemples de termes qui peuvent être utilisés pour travailler avec le canal kinesthésique, afin de modifier la sensation :

Chaud/froid	En surface/en profondeur
Frais/tiède	Rugueux/lisse
Engourdi/délié ou souple	Grand/petit
Brûlant/glacé	En mouvement/statique
Léger/lourd	Étouffant/aéré
Mou/dur	Piquant/soyeux ou doux
Mouillé/sec	Souple/raide
Vide/rempli	Gras/sec
Liquide/solide ou gazeux	Tendu/détendu
Agréable/désagréable	Rapide/lent
Serré/relâché	

Exemple

Simon a une boule dans le ventre avant de partir à l'école.

« Où est précisément cette boule ?

– Dans le ventre.

– Que veux-tu en faire ?

– La faire sortir.

– Veux-tu bien me la décrire s'il te plaît ? De quelle couleur est-elle ?

– Rouge.

– Sa taille ?

– Grosse comme une pastèque.

– En quelle matière est-elle ?

– Comme une pastèque !

– Par où vas-tu la faire sortir ? (Cette question laisse entendre qu'elle va sortir.) Par la bouche ? Par les jambes ? Par une porte placée au niveau de ton nombril ?

– Par le nombril.

– Super ! Veux-tu bien s'il te plaît me décrire cette porte que tu installes maintenant ? Sa forme ?

– Ronde.

– Sa matière ?

– En bois.

– Sa couleur ?

– Marron.

– Est-ce qu'elle va s'ouvrir vers l'intérieur ou vers l'extérieur ?

– Vers l'extérieur.

– Avant de laisser sortir cette boule, quelle couleur vas-tu lui donner pour qu'elle soit plus supportable ?

– Vert.

– Super, c'est comment maintenant qu'elle est en vert ?

– Plus léger.

– À quoi peux-tu la comparer au niveau de son poids maintenant ?

– Une pierre.

– Alors, si tu imaginais qu'elle se transforme en quelque chose de plus léger, qu'est-ce que ça serait ?

– De la mousse.

– Parfait, c'est comment maintenant ?

– Mieux.

– Et si tu faisais en sorte qu'elle diminue, diminue encore, jusqu'à lui donner la taille d'une noisette ou d'un petit pois ?

– Je ne la sens presque plus.

– Est-ce que tu ouvres la porte maintenant ou dans quelques secondes ? (Ainsi on laisse entendre une nouvelle fois qu'il va ouvrir la porte.)

– Maintenant.

– Que se passe-t-il depuis qu'elle est ouverte ?

– Ça bouge un peu mais elle est toujours là, elle ne veut pas partir.

– Alors tu vas pouvoir imaginer un lien qui part de ton cœur et qui va vers ce petit pois (il est important de suivre l'évolution). Ton cœur va envoyer beaucoup d'amour à travers ce lien et c'est cet amour qui va accompagner cette petite boule vers l'extérieur (en général, rien ne résiste à cette suggestion). Tu sens comment cet amour l'accompagne et la pousse vers l'extérieur?

– Oui.

– Dès que le petit pois sera sorti, il va être automatiquement aspiré par l'Univers et se transformer en quelque chose de positif. À moins que tu veuilles le mettre à un endroit bien précis. On va laisser ton cœur continuer de faire ce qu'il faut, et en attendant, j'aimerais bien que tu me dises ce que tu vas mettre à la place une fois que ce petit pois sera sorti.

– De la joie.

– Super! Comment c'est la joie pour toi? À quoi ça ressemble?

– Je ne sais pas trop.

– À un soleil? À un smiley? À un sourire? À un arbre? À un oiseau?

– Un smiley.

– Chouette! Et comment est ce smiley? Quelle taille?

– De la taille d'une orange.

– Quelle couleur?

– Jaune.

– Dis-moi, où en est ce petit pois?

– Il est sorti!

– Génial! Tu l'as vu disparaître dans l'Univers?

– Oui.

– Alors maintenant tu peux installer ce beau smiley à l'intérieur de toi, le laisser prendre sa place. Tu le sens?

– Oui, ça fait du bien.

– C'est agréable n'est-ce pas?»

Pour compléter

- ✓ **« La méthode Sedona »,** Outil n° 2
- ✓ **« Les trois dessins »,** Outil n° 9
- ✓ **« L'ancrage »,** Outil n° 13
- ✓ **« La méditation »,** Outil n° 14

En bref

- Repérer le canal sensoriel du problème (image, son ou ressenti).
- Si c'est une image, la sortir de sa tête.
- Ensuite, décrire avec le plus de détails possible la représentation du problème (taille, poids, couleurs, intensité…)
  selon le canal sensoriel.
- Commencer à modifier l'objet du mal-être en changeant sa couleur, sa taille, en le déformant…
- Imaginer comment le son ou le ressenti va sortir du corps ou comment l'image va disparaître. Présupposer que lorsqu'il sera sorti, il va être aspiré par l'Univers ou demander ce que l'enfant souhaite en faire une fois sorti.
- Pendant que le problème sort (ou juste après), se représenter ce qui va venir remplacer le problème quand celui-ci aura disparu. Décrire au maximum cette image, ce son ou ce ressenti.
- Vérifier que l'objet du mal-être est parti. Si besoin, imaginer un lien du cœur vers le problème pour envoyer de l'amour.
- Une fois parti, installer l'objet positif choisi et le décrire en détails.

Outil n° 4

La roue qui tourne

Votre enfant est gêné par une émotion ?

Dans la pratique

- **Invitez-le à localiser cette émotion dans son corps.** En général, elle se trouve dans les zones suivantes : tête, gorge, ventre, cœur, plexus solaire. S'il vous cite un autre endroit, accueillez-le. Dites-lui qu'il va emmener cette peur/colère/tristesse… faire un tour de manège !
- Une fois que votre enfant a localisé le lieu, **expliquez-lui que son problème est comme une roue qui tourne** ou comme un manège.
- **Demandez-lui dans quel sens il/elle tourne.** Dans le sens des aiguilles d'une montre ? Dans le sens inverse ? D'avant en arrière ? D'arrière en avant ? (Montrez-lui avec votre doigt, ce sera plus facile pour lui.)
- Ensuite, **interrogez-le pour savoir à quelle vitesse cela tourne** en lui demandant de vous le montrer avec son doigt. Puis **invitez-le à accélérer la rotation** juste quelques instants. Cela va amplifier le phénomène, c'est normal. Ainsi, s'il a peur, l'émotion va augmenter quelques instants. Il faut donc que cela soit très bref et que vous passiez rapidement à l'étape suivante, qui vise à atténuer l'émotion.

- **Voyez avec lui s'il veut juste diminuer, arrêter complètement ou inverser le sens de rotation.** Il peut choisir de bloquer la roue en y mettant un bâton ou un cadenas, en la collant…
- **Suggérez-lui d'évaluer désormais son émotion de départ.**

Exemple

Charlotte est envahie par une peur soudaine qu'elle ne parvient pas à calmer.

« Où est cette peur ? Dans ta tête ? Dans ta gorge ? Dans ton ventre ? Dans ton cœur ?

– Dans mon cœur.

– OK, on va imaginer que cette peur est comme une roue qui tourne. Dans quel sens tourne-t-elle ? Tu veux bien me montrer avec ta main ?

– Comme ça.

– Bien, maintenant tu peux me montrer sa vitesse de rotation. D'accord. Je vais t'inviter à accélérer un tout petit peu sa vitesse. Que se passe-t-il ?

– Ma peur augmente.

– Alors tu peux la ralentir, la calmer encore jusqu'à ce que ça soit bien pour toi. Certains vont préférer l'arrêter, d'autres inverser son sens ou d'autres encore juste la ralentir. Comment c'est maintenant ?

– C'est calme.

– Parfait ! »

Pour compléter

- « **La méthode Sedona** », Outil n° 2
- « **Les sous-modalités** », Outil n° 3
- « **La respiration libératrice** », Outil n° 7
- « **Le clone** », Outil n° 8
- « **Les trois dessins** », Outil n° 9
- « **L'ancrage** », Outil n° 13
- « **La méditation** », Outil n° 14

En bref

- Localiser l'émotion dans le corps.
- Évaluer le sens et la vitesse de rotation.
- Accélérer la vitesse de rotation.
- Diminuer la vitesse de rotation, l'arrêter ou l'inverser.
- Évaluer de nouveau l'émotion.

Outil n° 5

Faire le deuil, couper les liens

Le mot « deuil » est particulièrement utilisé lorsqu'il s'agit de la mort. Et pourtant, il est parfois nécessaire de faire le deuil d'une situation, d'une personne (même vivante) ou d'une problématique qui appartient au passé.

Votre fils s'était lié d'amitié avec un garçon qui est parti à l'autre bout du pays. Ils ne pourront plus se voir. Même si ce copain est bien vivant, il est possible que votre enfant ait besoin de faire le deuil de son ami.

Dans la pratique

- **Invitez votre enfant à imaginer dans une bulle l'objet du deuil à faire** (la tête du copain, la photo de la maison, le pouce qu'il souhaite arrêter de sucer, son chien…).
- **Demandez-lui de se représenter le lien qui le relie à cette bulle.** S'agit-il d'une corde ? D'une chaîne ? D'un tube ? D'un câble ? Faites-le décrire le plus de détails possible.
- **Où ce lien est-il attaché à lui ?** À son ventre ? À son pied ? À sa tête ? À son cœur ?
- Avant de couper ce lien pour laisser partir cette bulle, **il va pouvoir pratiquer la respiration libératrice** (voir Outil n° 7). Elle consiste à expirer profondément autant de fois que nécessaire pour rendre à cette bulle tout ce qui est à elle. Une fois qu'il s'est allégé de tout ce qui concernait l'objet du deuil, il inspire profondément plusieurs fois pour récupérer l'énergie positive que cette bulle lui puisait et qui lui appartient.
- **Couper ce lien** en prenant l'outil ou l'ustensile le plus adapté.
- Quand le lien sera coupé, la **bulle va être aspirée par l'Univers** et lorsqu'elle sera arrivée suffisamment haut, elle explosera pour **se transformer en particules de lumière**.

Inutile de reparler de l'objet du deuil après avoir fait cet exercice. Laissez votre enfant reprendre ses occupations, et vous pourrez constater au fil des jours qu'il est plus serein et détaché de son problème initial.

Exemple

Snoopy, le chien de Thomas, vient de mourir. Thomas est très triste.

« Tu vas pouvoir imaginer Snoopy dans une jolie bulle. Il peut s'agir d'une bulle de savon, d'une bulle en verre… Comment est cette bulle ?

– En verre avec des reflets de toutes les couleurs.

– Cette bulle contient toute la tristesse que tu ressens et elle est encore rattachée à toi par un lien. Comment est ce lien ? Est-ce une corde ? Une chaîne ? Un câble ? Un fil ? Décris-le-moi s'il te plaît, ses couleurs, sa longueur…

– C'est une corde bleue très courte et grosse comme ça.

– Où est-elle accrochée à toi ?

– À mon cœur.

– Avant de couper ce lien, tu vas pouvoir inspirer profondément pour aller chercher toute cette tristesse et toutes les autres choses qui te gênent et les envoyer vers la bulle. Tu peux le faire plusieurs fois jusqu'à te sentir libéré.

– Ça y est.

– Maintenant tu vas pouvoir récupérer toute l'énergie positive qui t'appartient et qui était coincée dans cette bulle. Inspire plusieurs fois et sens-la revenir à l'intérieur de toi. Ça y est ?

– Oui.

– Alors, tu vas pouvoir prendre un outil qui va te permettre de couper le lien. Quel outil choisis-tu ?

– Des ciseaux.

Super ! Je te laisse couper ce lien et regarder comment, dès qu'il sera rompu, cette bulle va monter, monter et monter encore jusqu'à ne faire qu'un petit point dans le ciel. Sois bien attentif pour la voir se transformer en lumière. C'est fait ?

– Oui.

– Génial ! Comment te sens-tu maintenant ?

– Soulagé. »

Il est tout à fait normal que votre enfant continue d'exprimer sa tristesse en faisant l'exercice ; il n'en demeurera pas moins efficace pour autant.

Pour compléter

✔ **« Les bonshommes allumettes »,** Outil n° 10 **(coupler ces deux exercices permet d'obtenir des résultats vraiment satisfaisants)**

Pour travailler sur les émotions ressenties

✔ **« La méthode Sedona »,** Outil n° 2

✔ **« Les sous-modalités »,** Outil n° 3

✔ **« La roue qui tourne »,** Outil n° 4

✔ **« Le clone »,** Outil n° 8

✔ **« Les trois dessins »,** Outil n° 9

En bref

- Mettre l'objet du deuil dans une bulle.
- Visualiser le lien qui relie la bulle à soi.
- Rendre à la bulle ce qui lui appartient sur l'expiration et reprendre ce qui nous appartient sur l'inspiration.
- Couper le lien.
- Regarder la bulle s'envoler dans le ciel et exploser en lumière.

Outil n° 6

Faire comme si

> « Tout ce qui peut être imaginé est réel. »
>
> Pablo Picasso

Vous savez à quel point les enfants adorent « faire comme si » en s'imaginant des histoires ou en parlant à des copains imaginaires. Et la bonne nouvelle c'est que pour l'inconscient, s'imaginer l'action ou la réaliser réellement a exactement les mêmes effets ! Souvenez-vous des neurones miroirs (voir Astuce n° 12) ! Ainsi, se projeter dans une situation où le problème est résolu prouve à l'inconscient que c'est possible pour lui de le faire et laisse même supposer que c'est déjà fait ! Cela va donc permettre à votre enfant d'agir par la suite plus aisément et en confiance.

Dans la pratique

- **Invitez-le à « faire comme si »** dès que la situation le nécessite. Il peut « faire comme s'il est* guéri », « faire comme s'il est* en pleine forme », « faire comme si ses copains lui parlent* ». Lorsqu'il a des difficultés à s'endormir, invitez-le à « faire comme s'il est* dans un paysage magique ».

** J'utilise ici volontairement le présent pour faire en sorte que la solution soit déjà là, à l'instant présent.*

Pour rendre l'expérience réelle et hypnotique, il est important de **faire appel aux différents canaux sensoriels** (visuel, auditif, kinesthésique). Votre enfant a la possibilité de fermer les yeux ou de les garder ouverts si c'est plus confortable pour lui.

- **Demandez-lui de se projeter dans une situation dans laquelle tout va bien, quand son problème est résolu.** Toujours **après** la résolution du problème. Il peut également créer un lieu idéal où il est complètement protégé, où tout est merveilleux et dans lequel il pourra retourner ultérieurement en cas de besoin.

Ce travail peut se faire sous forme de dialogue. Les précisions que votre enfant va apporter vont rendre l'expérience plus intense. Cependant, il peut aussi choisir de garder son histoire pour lui. Dans ce cas, vous l'inviterez à imaginer sans qu'il vous parle.

- **La vue :** demandez-lui ce qu'il voit autour de lui, s'il y a du monde. Des couleurs ? Quand il se déplace, est-ce qu'il voit plus de détails ? Est-ce qu'il y a du relief ? S'il se tourne sur la droite, que peut-il voir ? Et sur la gauche ?
- **L'ouïe :** qu'entend-il ? Y a-t-il des voix ? Des sons ? De la musique ? Des rires ? Que dit sa petite voix intérieure ?
- **Le kinesthésique :** quelle est la température de l'endroit où il se trouve dans cette histoire ? Est-ce qu'il y a des odeurs particulières ? Est-ce qu'il touche quelque chose ? Y a-t-il du vent ? Est-ce qu'il est en train de manger quelque chose ?

- **Le ressenti intérieur :** comment il se sent quand tout va bien ? C'est comment dans son corps ? Est-ce que c'est léger ? Lourd ? Chaud ?
- **Les émotions :** quelles émotions ressent-il en vivant cette situation ? Joie ? Émerveillement ? Sérénité ? Harmonie ? Où se situent ces émotions en lui ?

Vous pouvez balayer à plusieurs reprises ces différents canaux sensoriels jusqu'à ce que votre enfant soit réellement dans l'expérience et nulle part ailleurs. Cette technique est très efficace pour faire abstraction d'un problème ou d'une douleur, pour aider votre enfant à s'endormir ou pour lui permettre de se changer les idées. Afin d'optimiser son efficacité, il est très important d'utiliser le présent, même si vous avez l'impression de faire des fautes grammaticales (c'est pour la bonne cause !). Insistez bien sur les émotions positives qu'il ressent. Amenez-le à vous les décrire au maximum, car ce sont elles qui vont l'amener à solutionner son problème.

Exemple

Cali s'est fâchée avec une copine de classe, elle vit très mal cette situation et elle ne parvient pas à dormir.

« Imagine-toi demain, une fois que vous êtes redevenues amies. Visualise que vous êtes en train de jouer ensemble, regarde les détails de l'endroit où vous vous situez, la façon dont vous êtes habillées, s'il y a d'autres enfants autour... Concentre-toi sur les sons, les cris des enfants qui jouent, la voix de ton amie qui te demande pardon, ta voix qui lui répond... Ressens la température de l'air extérieur, le contact de tes vêtements sur ta peau, le poids de ton cartable sur le dos...

Maintenant prends le temps de ressentir les émotions positives qui naissent de cette expérience. Qu'éprouves-tu à l'idée d'être réconciliée avec ton amie ? Que se passe-t-il à l'intérieur de toi ? Est-ce de la joie ? Du soulagement ? De la paix intérieure ? Où sont situées ces émotions dans ton corps ? »

Pour compléter

- « **Faire disparaître une douleur** », Outil n° 1
- « **La méthode Sedona** », Outil n° 2
- « **Les sous-modalités** », Outil n° 3
- « **La roue qui tourne** », Outil n° 4
- « **La respiration libératrice** », Outil n° 7
- « **Le clone** », Outil n° 8
- « **Les trois dessins** », Outil n° 9
- « **L'ancrage** », Outil n° 13
- « **La méditation** », Outil n° 14

En bref

- Dès qu'il y a un problème, se projeter dans le futur à un instant T, quand tout est résolu.
- Faire appel à un maximum de sens pour rendre la situation très réelle :
  - vue,
  - ouïe,
  - toucher,
  - éventuellement goût et odorat.
- Ressentir les émotions positives qui naissent et les faire grandir au maximum.

Outil n° 7

La respiration libératrice

Les effets de la respiration sur l'état émotionnel ont largement fait leurs preuves. Il est bien connu qu'il est impossible d'être stressé lorsque la respiration est calme, et qu'il est également impossible d'avoir des pensées négatives lorsque l'on est détendu. De nombreux exercices de respiration sont proposés, notamment en méditation.

La respiration libératrice peut être pratiquée pour se détacher d'une émotion gênante, pour faire le vide avant de se coucher, pour se libérer avant de travailler sur le deuil… Elle est très simple, rapide et, comme son nom l'indique, tellement libératrice…

Dans la pratique

- **Invitez votre enfant à aller chercher à l'intérieur de lui tout ce dont il veut se libérer en inspirant profondément.** Il va désormais tout expirer très loin de lui. Dites-lui qu'il évacue tout cela dans son passé. Il peut expirer par la fenêtre s'il le souhaite. Si cet exercice se fait en intérieur, dans une pièce fermée, il est important qu'il imagine une bouche d'aspiration qui va automatiquement absorber ce qu'il a évacué. Plusieurs expirations vont être nécessaires, jusqu'à ce que votre enfant se sente vidé de tout ce qui ne lui appartenait pas.
- **Dites-lui ensuite d'inspirer tranquillement en imaginant que l'air ambiant est empli de tout ce dont il a besoin** pour lui permettre d'être bien (calme, sérénité, légèreté…). Il pourra renouveler l'opération jusqu'à ce qu'il se sente apaisé et « rempli ».

Exemple

Maxime a eu une journée chargée en émotions et ne parvient pas à s'endormir. « Reste dans ton lit les yeux fermés. Inspire profondément pour aller chercher à l'intérieur de toi toutes les choses de ta journée qui t'embêtent. Et souffle-les loin, dans cette trappe qui est juste au-dessus de ta tête et qui va les envoyer dans l'Univers. Continue d'aller chercher à l'intérieur de toi tout ce qui pourrait t'empêcher de passer une super nuit. Une fois que tu sens que tout est bien sorti, que c'est comme un peu vide, la trappe se referme et tu peux imaginer que dans l'air de ta chambre il y a comme une petite vapeur douce qui contient tous les ingrédients pour t'endormir facilement, passer une très belle nuit et faire de beaux rêves. Maintenant tu peux tranquillement inspirer cette agréable vapeur, la laisser s'installer à l'intérieur de toi et déjà sentir ses premiers effets, lorsqu'elle endort une à une chaque partie de ton corps. Et tu vas pouvoir inspirer une fois, deux fois, trois fois, jusqu'à te sentir complètement rempli, apaisé, détendu… »

Pour compléter

- « **La méthode Sedona** », Outil n° 2
- « **Les sous-modalités** », Outil n° 3
- « **La roue qui tourne** », Outil n° 4
- « **Faire comme si** », Outil n° 6
- « **Le clone** », Outil n° 8
- « **Les trois dessins** », Outil n° 9
- « **L'ancrage** », Outil n° 13
- « **La méditation** », Outil n° 14

En bref

- Aller chercher en soi tout ce qui pose problème en l'inspirant profondément.
- L'expulser loin en expirant soit dehors ou devant une fenêtre virtuelle.
- Pratiquer plusieurs fois jusqu'à ressentir une libération.
- Imaginer l'air ambiant empli de l'émotion positive à installer.
- Inspirer calmement et autant de fois que nécessaire l'air ambiant en sentant les bienfaits s'installer.

Outil n° 8

Le clone

Votre enfant a un comportement qu'il déplore mais dont il n'arrive pas à se défaire, vous allez pouvoir créer ensemble un double de lui qui ne va garder que les bons côtés !

Dans la pratique

- **Proposez-lui de localiser près de lui son double, celui qui détient le problème.** Vous pouvez lui demander de vous préciser comment il est habillé, comment il se tient, s'il sourit… afin de le rendre le plus réel possible. Précisez-lui que cet exemplaire de lui-même a plein de choses positives qu'il va pouvoir bien sûr garder.

- **Demandez-lui maintenant de faire apparaître le nouveau lui tel qu'il veut qu'il soit dans l'idéal.** Suggérez-lui de vous le décrire précisément, de vous dire où il est dans la pièce, comment il semble être bien, comment ça change sa vie.
- **Invitez-le à relier un tuyau entre l'ancien et le nouveau lui.** Ce tuyau équipé d'un filtre très puissant va transférer de l'ancien vers le nouveau tout le positif qu'il y a à garder. Le comportement à changer va rester dans l'ancien ainsi que tout ce que votre enfant ne souhaite plus. C'est l'occasion pour lui de faire le ménage !
- **Une fois que c'est terminé (c'est lui qui va vous le dire), suggérez-lui de laisser partir l'ancien.** Il peut imaginer que l'ancien double part dans une montgolfière, qu'il s'envole ou qu'il explose instantanément. Dites-lui bien que, où qu'il aille, il va automatiquement se transformer en positif.
- **Faites-le se concentrer sur le nouveau lui.** Faites monter l'envie en lui disant de bien le regarder, en lui demandant comment se sent cet enfant pour qui tout va bien… Invitez-le à se rapprocher virtuellement ou physiquement de son double. Pas trop vite, il faut susciter une certaine excitation.
- **Puis, quand il est prêt et trop impatient, invitez-le à fusionner avec son double.** Demandez-lui de vous décrire les émotions qu'il ressent en étant ce nouveau lui. Une fois qu'il a bien ressenti ces nouvelles émotions, chacun peut retourner à ses occupations, en évitant de détailler ce qui vient d'être fait.

Exemple

Lou ronge ses ongles et souhaiterait arrêter cela mais c'est plus fort qu'elle.

« On va imaginer que tu fais apparaître l'ancienne Lou qui se rongeait les ongles (en parlant au passé, le problème s'éloigne déjà) dans la pièce. Où arrive-t-elle ? Maintenant, tu vas pouvoir laisser arriver la nouvelle Lou, celle qui a de beaux ongles bien longs. Où la vois-tu ? Comment se sent-elle ? A-t-elle d'autres choses de différent ? Est-elle plus calme, plus détendue ? Désormais tu peux imaginer un tuyau qui part de l'ancienne Lou pour aller jusqu'à la nouvelle. Ce tuyau va permettre de transférer dans la nouvelle toutes les bonnes choses que contenait l'ancienne. Un filtre permet de s'assurer que les « mauvaises » choses (comme le fait de se ronger les ongles) vont bien rester dans l'ancienne. Comment est ce tuyau ? Sa taille ? Sa couleur ? Comment te représentes-tu ce qui passe dans le tuyau ? Tu pourras me dire quand le transfert sera terminé.

« Parfait, maintenant que l'ancienne Lou est complètement vidée de toutes ses bonnes choses, il va être temps de la laisser partir. Comment fais-tu pour qu'elle s'en aille ? Est-ce qu'elle s'envole ? Est-elle aspirée ? Part-elle en montgolfière ? Préviens-moi lorsqu'elle a bien disparu et qu'elle s'est transformée en particules de lumière. C'est fait ? Super !

« À présent, regarde la nouvelle comme elle a l'air super bien ! Regarde ses beaux ongles, est-ce qu'ils ont du vernis ? Comment est-elle habillée ? Que pense-t-elle ? Tu vas pouvoir te rapprocher doucement d'elle, ou peut-être que c'est elle qui va se rapprocher de toi, jusqu'à ce qu'à un moment, vous ne fassiez plus qu'un. Et à ce moment, il va se passer un truc magique à l'intérieur de toi ! Regarde-la, comment elle se rapproche, sens comment déjà plein de choses sont en train de changer à l'intérieur de toi. Ça y est ? Vous avez fusionné ? Tu sens comment tu es déjà différente ? Waouh ! C'est génial ! »

Pour compléter

✓ **« Les trois dessins »,** Outil n° 9

En bref

- Faire apparaître l'ancien soi avec le problème.
- Créer un nouveau soi qui va bien.
- Relier les deux avec un tuyau.
- Faire passer tout le bon de l'ancien au nouveau.
- Lorsque c'est terminé, laisser partir l'ancien pour se transformer en positif.
- Se concentrer sur le nouveau, le regarder en détail, imaginer comment il se sent.
- Fusionner avec le nouveau.

Outil n° 9

Les trois dessins

Votre enfant a un problème, il est stressé, il a mal au ventre, il a une difficulté mais il ne parvient pas à la nommer ni à la comprendre. Inutile de creuser. Sortez des feutres et trois feuilles de papier et numérotez-les de 1 à 3 (vous pouvez également diviser une grande feuille en trois parties égales).

Dans la pratique

- **Sur la première feuille, suggérez à votre enfant de se dessiner avec son problème**, en y mettant le plus de détails possible. Est-ce qu'il pleure? Où est la douleur dans son corps? Quel temps fait-il à l'extérieur? S'il a des problèmes avec les copains de classe, il peut les dessiner. Il peut noter des mots... Parlez-lui **à la troisième personne** afin de l'amener à prendre du recul face à son problème (exemple: C'est dans quelle partie de sa tête que se trouve sa douleur? Tu peux la dessiner sur lui). **C'est le moment d'exprimer tout ce qu'il ressent avec son problème.**
- **Sur la feuille n° 3, faites-le se dessiner quand son problème est résolu.** Comment est son visage? Quel temps fait-il dehors? C'est comment dans son corps quand tout va bien? Il peut y mettre le plus de détails possible. Amenez-le à faire le parallèle avec les éléments dessinés sur la première feuille. Vous pouvez vous adresser à lui **à la deuxième personne** afin de l'impliquer au maximum dans ce changement (exemple: Comment te sens-tu maintenant que tout va bien? C'est comment dans ta tête?)
- Une fois ces deux dessins terminés (s'il souhaite rajouter quelques détails sur le premier dessin, vous pouvez le laisser faire), **invitez-le à prendre la feuille n° 2**.
- **Placez cette feuille entre le dessin n° 1 et le dessin n° 3.** Demandez-lui de dessiner comment il est passé du dessin n° 1 au dessin n° 3 (en formulant votre question de cette façon, vous sous-entendez que c'est déjà fait). Il se peut qu'il ne sache pas quoi faire au début. Laissez-lui quelques instants pour y réfléchir et permettre à la solution d'arriver. S'il manque d'inspiration, faites-lui des propositions: escalier, labyrinthe, chemin, montagne, voiture, fusée, cheval... C'est important que l'idée finale soit la sienne!

- **Lorsque ces trois dessins sont terminés, demandez-lui ce qu'il souhaite faire du dessin n° 1.** Généralement il le jette, le déchire, le brûle (avec vous !)...

Chacun peut ensuite retourner à ses occupations respectives. Évitez de faire le lien avec son problème de départ. Testez-le de façon subtile pour voir où il en est. Très souvent, il disparaît dès la fin des dessins.

Exemple

Ici, sur le dessin n° 1, Gabrielle s'est dessinée lorsqu'elle fait des cauchemars. Elle pleure, le temps est mauvais. Elle a d'étranges ronds dans son ventre, elle pense à un monstre qui lui fait peur. Elle demande de l'aide, elle a peur. « Comment se sent Gabrielle quand elle fait des cauchemars ? C'est comment dans son corps ? Où est sa peur ? »

Ensuite, sur le dessin n° 3, elle dort bien, tout est résolu, il fait beau, elle est paisible. « Comment te sens-tu maintenant ? C'est comment dans ton ventre maintenant que la peur est partie ? »

Enfin, le dessin n° 2 nous montre que pour passer du numéro 1 au numéro 3, la fillette a emprunté un chemin sinueux avec une voiture.

Elle peut maintenant découper la feuille n° 1 et s'en débarrasser par le moyen qui lui convient le mieux (la froisser puis la mettre à la poubelle, la déchirer et la brûler…).

Pour compléter, s'il s'agit d'émotions

- **« La méthode Sedona »,** Outil n° 2
- **« Les sous-modalités »,** Outil n° 3
- **« La roue qui tourne »,** Outil n° 4
- **« Faire comme si »,** Outil n° 6
- **« Le clone »,** Outil n° 8
- **« L'ancrage »,** Outil n° 13
- **« La méditation »,** Outil n° 14

En bref

- Sur la première feuille : se dessiner avec le problème.
- Sur la troisième feuille : se dessiner quand tout va bien.
- Placer la deuxième feuille entre la première et la troisième et dessiner ce qui a permis de passer de la numéro 1 à la numéro 3.
- Jeter la feuille n° 1 en présupposant qu'une fois jetée, le problème sera parti.

Outil n° 10

Les bonshommes allumettes

Outil issu du livre *ATMA, le pouvoir de l'Amour* de Jacques Martel

Il s'agit d'un outil à la fois ludique, simple, rapide et efficace. Il peut être utilisé pour faire le deuil d'une personne, mais également en cas de conflit avec un camarade, en cas de relations trop fusionnelles, ou avec les personnes de l'entourage proche de l'enfant (parents, frères et sœurs, grands-parents, copains d'école...) même s'il n'y a pas de besoin apparent.

Dans la pratique

- **Invitez votre enfant à prendre une feuille et à se dessiner à gauche de celle-ci**, en notant son prénom et la première lettre de son nom de famille.
- **Dites-lui de dessiner l'autre personne concernée à droite de la feuille**, en notant son prénom et la première lettre de son nom de famille.
- **Proposez-lui de s'entourer de rayons de lumière.**
- **Suggérez-lui ensuite d'entourer l'autre personne de rayons de lumière.**
- **Demandez-lui d'entourer les deux de lumière.**
- **Faites-le tracer les lignes d'attachement conscient et inconscient** qu'il a avec cette personne aux points indiqués **en respectant les couleurs**.
- **Invitez-le à couper la feuille en sa moitié** afin de rompre les liens d'attachement.
- **Proposez-lui de jeter les deux morceaux de feuille à la poubelle**, après les avoir chiffonnés ou déchirés. Il peut également les brûler (en votre présence).

Cet outil peut également être utilisé pour couper les liens d'attachement conscients et inconscients avec une situation. Dans ce cas, votre enfant remplacera la personne de droite par un rectangle dans lequel il écrira l'objet de son problème en détail (« mes difficultés en français », « le divorce de mes parents », « mon besoin de me ronger les ongles »...). Il se reliera également à la situation en respectant les couleurs, comme cela :

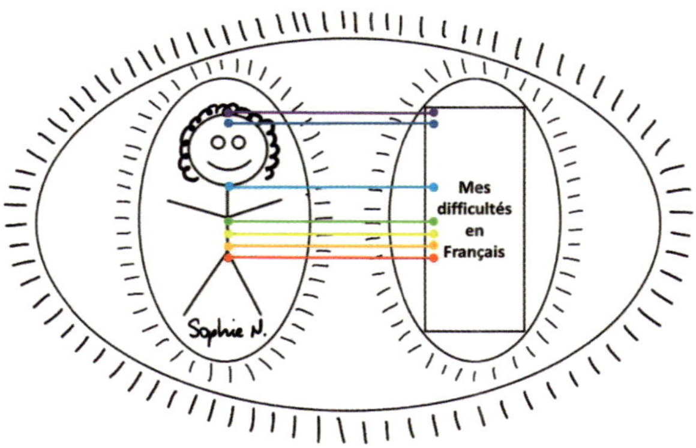

Enfin, cet outil peut également être utilisé pour couper les liens d'attachement conscients et inconscients avec une partie de soi. Dans ce cas, votre enfant dessinera deux bonshommes, comme sur le premier schéma. À gauche il s'agira de l'enfant qui va bien et à droite de l'enfant avec son problème :

Sophie calme / Sophie énervée

Sophie mince / Sophie en surpoids

Sophie concentrée / Sophie distraite

Sophie en pleine forme / Sophie fatiguée

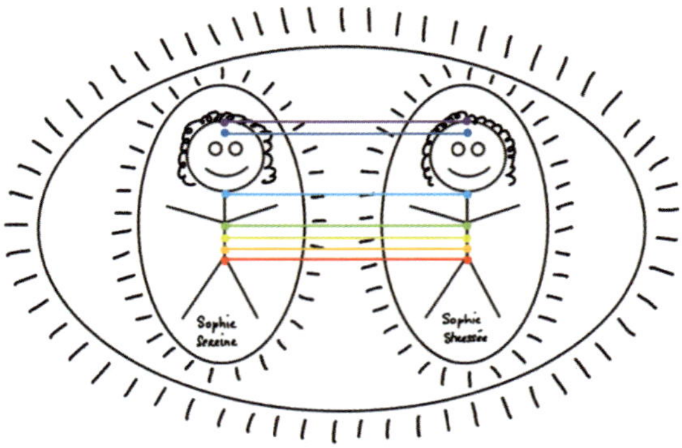

Pour compléter

- « **Faire le deuil, couper les liens** », Outil n° 5
- « **Faire comme si** », Outil n° 6

En bref

- Se dessiner à gauche de la feuille.
- Dessiner la personne, le problème ou l'autre soi à droite.
- Tracer les rayons de lumière autour de soi et de l'autre.
- Entourer les deux de rayons de lumière.
- Reproduire les lignes d'attachement en suivant les couleurs et les points (rouge : périnée, orange : nombril, jaune : plexus solaire, vert : cœur, bleu clair : gorge, bleu foncé : front, violet : sommet de la tête).
- Découper la feuille en son centre.
- Jeter les deux feuillets.

Outil n° 11

La clenche parlante

Votre enfant ressent quelques difficultés à exprimer oralement ses états d'âme et ses émotions ? Pourquoi ne pas faire parler sa clenche ?!

Dans la pratique

Cherchez sur Internet un modèle de panneau à accrocher à la clenche d'une porte ou décalquez l'exemple ci-contre en le mettant à l'échelle qui vous convient le mieux. Invitez votre enfant à le reproduire sur un support cartonné. Il va pouvoir réaliser au moins trois panneaux, voire plus s'il le désire.

Une fois le modèle découpé, c'est le moment de déterminer ce qu'il va écrire et/ou dessiner dessus, le principe étant que chacun des panneaux puisse permettre d'exprimer un état émotionnel, un besoin… Il pourra ainsi les suspendre à sa clenche selon son ressenti du moment, et il sera donc plus facile pour vous de dialoguer avec votre enfant en fonction de ce qu'il affiche.

Exemples

- Je suis en colère.
- J'ai besoin de parler.
- Marius est triste.
- Je vais bien, mais je veux être tranquille.
- Je suis ronchon.
- Tout roule pour moi !
- etc.

Si le système de clenche semble difficile à réaliser, vous pouvez l'adapter en installant un panneau sur sa porte ou dans le couloir.

Vous pouvez également imaginer un système de codes couleurs, le rouge étant la colère, le vert la peur… Un simple Post-it rouge collé sur la porte vous donnera la température…

Je suis en
colère !

Outil n° 12

La communication connectée

Outil issu du livre *J'ai tant de choses à dire* d'Hélène Gérin et Frédéric Laloux

Votre enfant est tout jeune et il ne parle pas encore. Il s'agit encore d'un bébé, et vous ne pouvez donc pas mettre en application la totalité de ces astuces et outils (même si beaucoup fonctionnent très bien dès le plus jeune âge). Voici une merveilleuse méthode qui permet d'instaurer un dialogue avec votre enfant grâce à l'utilisation de questions fermées l'amenant ainsi à exprimer ce qu'il ressent à travers vous, et ce dès sa naissance (ou même pendant la vie intra-utérine).

Cette pratique repose sur l'idée que, dès leur plus jeune âge, les bébés sont capables de comprendre ce que leur dit leur entourage, même s'ils n'ont pas la possibilité d'y répondre. Elle se déroule en plusieurs étapes :

- **La « connexion »** à son bébé.
- **La demande d'autorisation** à l'enfant pour ouvrir le dialogue.
- **La mise en place d'un « oui » et d'un « non »** *via* le test musculaire utilisé en kinésiologie ou grâce à un code personnel passant par le parent et établi avec le nouveau-né.
- **La phase de dialogue** pendant laquelle le parent va pouvoir poser à l'enfant des questions fermées et ainsi obtenir les réponses oui/non à l'aide du code mis en place à l'étape précédente. Elle pourra permettre à bébé de s'exprimer, d'être « entendu » et d'éviter ainsi la frustration que ressent tout être humain qui tente en vain de se faire comprendre.
- **La fin de la communication connectée**, une fois que l'enfant aura confirmé que l'échange peut prendre fin.

Exemple

Avant de découvrir la communication connectée, notre fils, âgé de 9 mois à ce moment-là, avait changé de comportement au moment du bain. Dès que nous l'approchions de la baignoire, il hurlait et se recroquevillait. La température était bonne et nous ne comprenions pas du tout la raison d'une telle réaction alors que tout semblait bien aller. Après avoir découvert la communication connectée, j'ai décidé de tester. En suivant scrupuleusement la méthode indiquée dans le livre, l'échange que j'ai eu avec Aloïs m'a permis d'apprendre qu'il ne souhaitait plus faire son bain dans sa baignoire de bébé. Bien qu'un peu sceptiques en raison de la simplicité de cette méthode, nous avons essayé le jour même et constaté que son comportement était redevenu normal.

Nous avons ainsi pu résoudre des problématiques très diverses avant même que notre enfant ait pu s'exprimer par la parole. D'ailleurs, encore aujourd'hui, alors que notre fils parle, nous continuons d'utiliser cet outil tous les matins pour aborder des sujets qu'il n'est pas encore en mesure de verbaliser.

Pour pourrez trouver toutes les informations dont vous aurez besoin sur le site : www.communicationconnectee.com ou dans le livre *J'ai tant de choses à dire* (Hélène Gérin et Frédéric Laloux, Ed. Le Souffle d'Or).

Le second livre, *Ton cœur me parle et j'ai appris à l'écouter* (Hélène Gérin et Frédéric Laloux, Ed. Mille et Une Pépites), regroupe de nombreux témoignages de parents qui utilisent la communication connectée au quotidien (j'ai d'ailleurs moi-même rapporté deux expériences que j'ai eues avec la communication connectée). Il se découpe en plusieurs thèmes, toujours autour de la communication connectée :

- la grossesse et la naissance,
- les premiers mois de la vie (pleurs, sommeil, alimentation...),
- au-delà des bébés (autisme, fin de vie, coma).

Cette belle approche permet de venir à bout de nombreuses interrogations et inquiétudes des parents désemparés devant un bébé qui pleure alors qu'il a mangé, qu'il est propre et que tout semble bien aller. Elle vaut vraiment la peine de persévérer.

Outil n° 13

L'ancrage

L'ancrage peut être fait par exemple pour commencer la journée afin de se sentir bien à sa place, centré et dans le moment présent. Il peut également être utilisé avant un événement anxiogène, une évaluation, une manifestation sportive, en cas de vertiges…

C'est un exercice que votre enfant va pouvoir s'approprier très rapidement et pratiquer seul. Il s'utilise idéalement debout, les yeux fermés (il peut cependant être fait assis les yeux ouverts).

Dans la pratique

- **Invitez votre enfant à poser sa main dominante** (celle avec laquelle il écrit) **sur son cœur**. Il la recouvre de sa seconde main.
- **Faites-le visualiser une énergie qui descend de son cœur**, longeant son ventre, ses jambes, descendant à travers ses pieds **jusqu'au centre de la Terre**. Il peut imaginer sous ses pieds de longues racines qui font descendre cette énergie. Vous pouvez l'inviter à voir une couleur, à sentir une sensation…
- **Proposez-lui de se concentrer sur l'énergie que lui envoie la Terre** en retour et **qui remonte jusqu'à son cœur**. Invitez-le à percevoir s'il le souhaite une autre couleur ou une autre sensation.
- **Faites-le sentir une nouvelle énergie qui va partir de son Cœur** et qui va remonter, sortir par le sommet de sa tête et aller **jusqu'à sa Source**. Il peut imaginer sa Source comme un grand soleil ou de la lumière provenant du ciel.
- **Suggérez-lui enfin de percevoir ou d'imaginer l'énergie que lui envoie sa Source** en retour et qui va redescendre **jusque dans son cœur**.
- **Quand il est prêt, il peut rouvrir les yeux.**

Pour compléter

✔ **« La méditation »,** Outil n° 14

En bref

- Les deux mains sont posées sur le cœur.
- Une énergie part du cœur et descend jusqu'à la Terre.
- La Terre envoie une énergie qui remonte jusqu'au cœur.
- Le cœur renvoie une énergie vers la Source.
- La Source répond en envoyant une autre énergie qui redescend jusqu'au cœur.

Outil n° 14

La méditation

Avant toute chose, il est important de préciser que derrière le terme « méditation » se cache autre chose que l'isolement, la transe profonde ou le silence dans la position du lotus pendant des heures ! Stop aux idées reçues !

La méditation peut être ludique et adaptée à l'âge de votre enfant. De plus, les bienfaits qu'elle procure tant sur la santé, sur la concentration que sur la durée de vie ou le bien-être mental ont suffisamment fait leurs preuves. Alors autant initier votre enfant dès son plus jeune âge !

Il existe de nombreuses approches pour pratiquer la méditation. Adaptez sa durée afin d'éviter à votre enfant de se lasser. Il vaut mieux cesser la séance que de l'y contraindre !

Dans la pratique

- **Faites-lui écouter une musique douce**, relaxante, dans une position confortable pendant quelques minutes. Invitez-le à observer sa respiration ou juste à focaliser toute son attention sur la musique.
- **Rassurez-le** en lui précisant qu'il est tout à fait normal que des pensées surgissent à un moment. Lorsqu'il en prend conscience, il peut se concentrer de nouveau sur sa respiration.
- **Faites-le s'installer confortablement et imaginer une coccinelle qui va parcourir l'ensemble de son corps.** À chaque endroit où cette coccinelle va se poser, de la détente va s'installer. Prenez le temps de détailler chaque partie du corps et de l'amener à sentir ses muscles qui se relâchent les uns après les autres.

  Il peut remplacer la coccinelle par une plume ou par une lumière, en présupposant bien les mêmes effets.
- **Contraction / décontraction :** proposez-lui de contracter tous les muscles de son corps pendant vingt secondes environ. Il doit tout tendre, même le visage, les orteils et les cheveux ! Puis il va pouvoir tout relâcher complètement pendant vingt secondes. Faites-le de nouveau tout contracter pendant quinze secondes et relâcher entièrement pendant vingt-cinq secondes. Puis contraction de dix secondes et relâchement de trente secondes jusqu'à un complet relâchement.
- **Demandez-lui la couleur qui est dans son cœur** au moment où il vous parle. Ensuite, invitez-le à vous donner la couleur de son cœur quand il est complètement détendu. Amenez-le à vous décrire au maximum cette dernière couleur, ses nuances, les effets qu'elle a sur lui…
- **Suggérez-lui de fixer un point.** Comme expliqué à la fin de l'Outil n° 1, proposez à votre enfant de poser les yeux sur un point. Invitez-le à placer son regard sur quelque chose de précis

(il peut s'agir d'un point, mais aussi d'un poisson dans l'aquarium, de la flamme d'une bougie, des chiffres du radio-réveil ou du feu de cheminée…). Il va pouvoir créer un lien virtuel entre ses yeux et le point et garder tout au long de l'expérience son regard sur la cible choisie. Toute son attention sera focalisée sur ce point. Puis, en restant toujours sur son point, faites-lui progressivement élargir son champ de vision, en prenant conscience de tout ce qu'il y a à gauche du point (tout en restant fixé sur le point). Quelques instants après, il va ouvrir encore son regard en accueillant ce qu'il y a sur la droite (tout en restant toujours sur le point), puis en haut, et en bas… En faisant cela, il va cesser de penser et donc faire une « pause mentale ». Laissez-le fixer le point aussi longtemps qu'il en a envie.

- **Les mandalas favorisent la détente**, la concentration et le recentrage. Vous pouvez le faire colorier quelques minutes avant de faire ses exercices, entre deux leçons ou avant de dormir. Il pourra colorier le mandala du centre vers l'extérieur.

La collection « Atelier Mandalas », éditée au Courrier du Livre, propose de très beaux ouvrages aux thématiques variées (développer l'estime de soi, se centrer dans l'instant présent, rencontrer les fées…).

- **Invitez-le à se centrer :** assis en tailleur ou debout, il peut visualiser une lumière centrale qui le traverse depuis le haut du corps jusqu'à son périnée.
- **Faites-le se connecter à la nature.** Dès que vous le pouvez, proposez-lui de faire des activités en lien avec la nature : jardiner, observer une fleur en détail, se balader en forêt… Et s'il ne l'a jamais fait, invitez-le à étreindre un arbre et à en ressentir les bienfaits.

La technique de l'ancrage (voir Outil n° 13) peut être pratiquée avant ces méditations.

Vous pouvez bien sûr accompagner votre enfant dans la réalisation de ces différents exercices.

Outil n° 15

Les histoires qui guérissent

Quoi de plus facile pour votre enfant que de s'identifier au héros de l'histoire qui lui est racontée ? Alors, pourquoi ne pas en profiter pour la rendre « thérapeutique » ?! Vous allez pouvoir inventer une histoire à laquelle votre enfant va s'identifier et ainsi trouver des solutions à ses propres problèmes.

Dans la pratique

- **Choisissez la problématique que vous souhaitez aborder dans votre histoire.**
- **Trouvez un contexte et un héros auxquels votre enfant va pouvoir s'identifier** facilement sans faire aucun parallèle avec lui (cela rendrait le raisonnement conscient et diminuerait son efficacité).
- **Racontez l'histoire en respectant les étapes suivantes :**

1. Tout va bien. Vous exposez le **contexte**. Les **émotions** ressenties sont **positives** (cette étape est facultative).
2. Le héros rencontre l'obstacle, les **freins**, le **problème**. Les **émotions** deviennent **négatives**.
3. Vous abordez les **difficultés rencontrées**, les **doutes** ressentis et la **peur** de ne pas résoudre le problème. Les **émotions** sont **négatives**.
4. Vous allez souligner désormais les **ressources** du héros qui vont lui permettre de **dépasser le problème**. Les **émotions** redeviennent **positives**.
5. Le héros **franchit l'obstacle**. C'est un moment **fort** et **puissant**. Il **gagne** après avoir anéanti le problème. Les émotions **positives** sont importantes.
6. Le héros **savoure sa victoire** et ressent les **émotions positives** qui en découlent.

Ces différentes étapes pourront être adaptées ou raccourcies suivant votre inspiration. Le problème pourra être abordé de façon métaphorique. Ainsi, si votre enfant souffre d'énurésie, vous pouvez utiliser par exemple l'image de fortes pluies qui ne cessent de tomber et qui inondent tout un village.

Il est vraiment important, pour conserver au maximum les effets de votre histoire, d'éviter tout lien avec la situation de votre enfant. Son inconscient se chargera de le faire pour lui. Il s'agit de lui prouver que des solutions peuvent être trouvées dans des problématiques identiques à la sienne et ainsi de l'amener à chercher ses propres réponses.

Si vous manquez de temps ou d'inspiration, il existe des livres d'histoires thérapeutiques déjà écrites. Ils abordent des thématiques variées comme le divorce, l'alimentation ou le tabac. Lorsque vous lui faites la lecture, si votre enfant est occupé à faire autre chose, souvenez-vous que son inconscient est pleinement attentif à ce que vous dites, et ça tombe plutôt bien puisque c'est justement à lui que s'adressent ces histoires ! Vous trouverez celles de Sophie Carquain, *Petites histoires pour devenir grand*, particulièrement faciles à lire, ou *Contes à guérir, contes à grandir* de Jacques Salomé.

Exemple pour un enfant manquant de confiance en lui

L'histoire du petit ours blanc qui n'avait pas confiance en lui

Igloo le petit ours blanc vivait dans un village très lointain où il neigeait presque toute l'année.

Ses parents et ses frères et sœurs l'aimaient beaucoup, et pourtant Igloo n'avait aucune confiance en lui. Il se trouvait toujours plus nul que les autres, moins beau, pas intéressant…

Lorsque quelqu'un lui faisait un compliment, il n'y croyait pas. Il pensait même qu'on se moquait de lui… Il était persuadé qu'il resterait toute sa vie un ours sans intérêt. Et même si ça le rendait triste, il n'envisageait aucune autre porte de sortie.

Un jour, alors qu'Igloo se promenait avec son père et son frère sur la banquise, son grand-frère Klik, celui que tout le monde admirait de par sa carrure et ses nombreuses qualités, tomba dans un trou très étroit. Coincé et incapable de se sortir de là, il appela à l'aide.

Igloo était très attristé par la situation mais il se mit en retrait, certain qu'il n'était pas suffisamment fort et intelligent pour trouver une solution qui permettrait de sauver son frère. Il laissa donc son père tenter tant bien que mal de saisir les pattes que Klik lui tendait au loin. En vain.

Au bout de quelques minutes, voyant que son père était trop corpulent pour se hisser dans le trou et ainsi sortir Klik de là, il se dit qu'il fallait qu'il aide son père.

Rien que d'y penser, il était pétrifié par la peur. Il se posait tout un tas de questions qui le faisaient douter encore plus : « Et si j'empirais la situation en agissant ? Et si Papa ne voulait pas que je l'aide ? Et si patati patata… ? »

Alors que toutes ces questions tournaient dans tous les sens dans sa tête, il entendit soudain une petite voix lui dire : « Vas-y, fonce ! » Malgré cette peur qui lui clouait le ventre, il prit son courage à deux mains et décida de suivre cette voix. Sans réfléchir et n'écoutant plus que son cœur, Igloo se glissa jusqu'à Klik, sous l'œil étonné de son père.

Arrivé en bas, il rassembla toutes ses forces – qu'il croyait jusqu'ici inexistantes – et parvint à soulever son frère qui pesait presque le double de son propre poids. Ce dernier réussit à se lever et à saisir les pattes que lui tendait son père.

Lorsque Igloo sortit à son tour, il fut accueilli comme un héros par son père et Klik qui l'admiraient avec une immense joie et une grande fierté dans le regard. Ils lui rappelèrent à quel point il avait été courageux en sauvant la vie de son frère. Eh oui, il venait de sauver la vie de son grand-frère.

De cette expérience, Igloo tira plusieurs leçons. Tout d'abord, il décida de toujours écouter cette petite voix intérieure lorsqu'elle lui murmurerait : « Vas-y, fonce ! »

Il prit également conscience qu'il était lui aussi quelqu'un de bien et qu'il avait, comme tout le monde, de nombreuses qualités. Même s'il était différent de ses frères et sœurs, il avait ses qualités à lui. Et ça, ça lui apportait un grand bonheur dans son cœur.

Et pour continuer de croire en lui, Igloo décida à partir de ce jour que tous les matins, en se brossant les dents devant son miroir, il se ferait trois compliments ! Oui, il valait au moins ça Igloo !

Ainsi, le soir suivant, Igloo raconta à toute sa famille son acte héroïque de la journée et les décisions qu'il avait prises pour son avenir. Tout le monde l'applaudit très très fort, surtout son frère Klik qui le voyait désormais comme un dieu !

En bref

- Choisir un contexte auquel on peut s'identifier.
- Exposer ce contexte avec des émotions positives.
- Faire apparaître le ou les obstacles et les freins rencontrés (émotions négatives).
- Mentionner les doutes et peurs de l'échec (émotions négatives).
- Souligner les ressources permettant de dépasser le problème (émotions positives).
- Raconter le dépassement de l'obstacle (émotions très positives, moment important).
- Apprécier la victoire et les effets positifs.

Outil n° 16

Des métaphores à méditer

Les deux loups

Histoire issue du livre *Métaphores thérapeutiques pour les enfants* et *L'enfant intérieur* de Richard J. Crowley et Joyce C. Mills.

Dans l'histoire qui suit, un vieux grand-père cherokee parle à son petit-fils des conflits intérieurs que nous vivons tous. Raconter des histoires appartient à la tradition orale, et c'est pourquoi les histoires sont parfois contées différemment.

« "Petit-Fils, c'est comme avoir deux loups à l'intérieur de nous. Un des loups est méchant, plein de jalousie, d'orgueil, d'égoïsme, d'arrogance, et il ne cesse de s'apitoyer sur lui-même. L'autre loup est plein d'amour, de compassion, d'humilité, de générosité, de sincérité et de foi."

Le petit-fils réfléchit un instant, puis il regarde son grand-père droit dans les yeux et demande : "Grand-Père, quel est le loup qui gagne la bataille ?"

Et le vieux grand-père répond : "Celui que tu nourris." »

La vie après l'accouchement

Source inconnue.

Dans le ventre d'une mère, deux bébés discutent :

Bébé 1 « Et toi, tu crois à la vie après l'accouchement ?

Bébé 2 – Bien sûr. C'est évident que la vie après l'accouchement existe. Nous sommes ici pour devenir forts et nous préparer pour ce qui nous attend après.

Bébé 1 – Pffff... Tout ça, c'est insensé. Il n'y a rien après l'accouchement ! À quoi ressemblerait une vie hors du ventre ?

Bébé 2 – Eh bien, il y a beaucoup d'histoires à propos de "l'autre côté"... On dit que, là-bas, il y a beaucoup de lumière, beaucoup de joie et d'émotions, des milliers de choses à vivre... Par exemple, il paraît que là-bas on va manger avec notre bouche.

Bébé 1 – Mais c'est n'importe quoi ! Nous avons notre cordon ombilical et c'est ça qui nous nourrit. Tout le monde le sait. On ne se nourrit pas par la bouche ! Et, bien sûr, il n'y a jamais eu de revenant de cette autre vie... donc, tout ça, ce sont des histoires de personnes naïves. La vie se termine tout simplement à l'accouchement. C'est comme ça, il faut l'accepter.

Bébé 2 – Eh bien, permets-moi de penser autrement. C'est sûr, je ne sais pas exactement à quoi cette vie après l'accouchement va ressembler, et je ne pourrais rien te prouver. Mais j'aime croire que, dans la vie qui vient, nous verrons notre maman et elle prendra soin de nous.

Bébé 1 – Maman ? Tu veux dire que tu crois en Maman ? Ah ! Et où se trouve-t-elle ?

Bébé 2 – Mais partout, tu vois bien ! Elle est partout, autour de nous ! Nous sommes faits d'elle et c'est grâce à elle que nous vivons. Sans elle, nous ne serions pas là.

Bébé 1 – C'est absurde ! Je n'ai jamais vu aucune maman donc c'est évident qu'elle n'existe pas.

Bébé 2 – Je ne suis pas d'accord, ça c'est ton point de vue. Car parfois, lorsque tout devient calme, on peut entendre quand elle chante… On peut sentir quand elle caresse notre monde… Je suis certain que notre vraie vie va commencer après l'accouchement… »

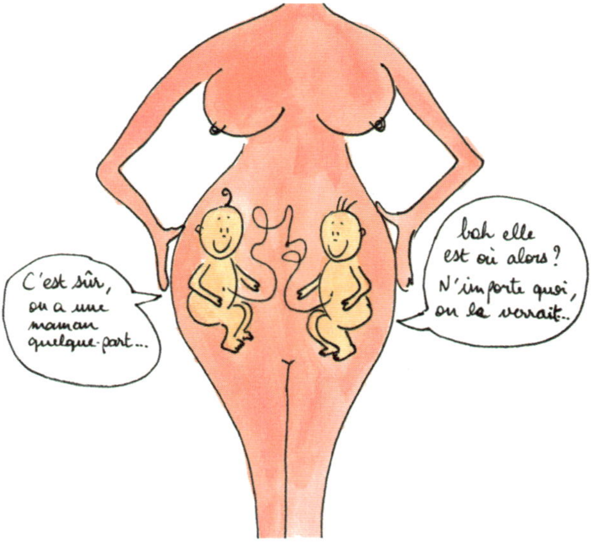

L'histoire du bol de lumière

Métaphore issue du livre *Se reconnecter à la magie de la vie* de Joyce C. Mills (Guy Trédaniel Editeur)

Il y a bien longtemps, une merveilleuse grand-mère vivait sur la petite île de Moloka'i. Son nom était Kaili'ohe Kame'ekua. Elle avait plus de 100 ans lorsqu'elle mourut, en 1931. Grand-mère Kame'ekua et sa famille enseignaient aux enfants à travers des histoires, d'anciens chants et des paraboles. Une des histoires qui comptaient énormément pour la *'ohana*, qui veut dire « famille » en hawaïen, raconte que chaque enfant naît avec un bol de lumière parfaite. Si l'enfant prend bien soin de la lumière, elle grandira et deviendra forte. L'enfant sera alors capable d'accomplir de nombreuses choses, comme nager avec les requins, voler avec les oiseaux, et pourra connaître beaucoup de choses. Cependant, il y a parfois des choses négatives qui entrent dans la vie d'un enfant… il y a des blessures, des colères, des jalousies ou des douleurs. Et ces blessures, ces colères ou ces douleurs deviennent comme des pierres qui tombent au fond du bol. Et assez vite, il se peut qu'il y ait tant de pierres qu'on ne puisse plus voir la lumière… et assez vite, l'enfant peut devenir comme une pierre, il ne peut pas grandir… ne peut pas bouger. Vous voyez, lumière et pierres ne peuvent occuper le même espace. Mais ce que grand-mère Kame'ekua nous dit, c'est que tout ce que l'enfant a besoin de faire, c'est de retourner le bol et de vider les pierres, et la lumière grandira à nouveau… Oui, la lumière est toujours là.

La valeur d'un billet de 20 euros

Histoire issue du *Manuel de développement de l'estime de soi*, cité dans l'Outil n° 17.

Un conférencier bien connu commence son séminaire en tenant bien haut un billet de 20 euros. Il demande aux gens : « Qui aimerait avoir ce billet ? » Les mains commencent à se lever alors il dit : « Je vais donner ce billet de 20 euros à quelqu'un de vous, mais avant, laissez-moi faire quelque chose avec. » Il chiffonne alors le billet avec force et il demande : « Est-ce que vous voulez toujours de ce billet ? » Les mains continuent à se lever. « Bon, d'accord, mais que se passera-t-il si je fais cela ? » Il jette le billet froissé par terre et saute à pieds joints dessus, l'écrasant autant que possible et le recouvrant des poussières du plancher. Ensuite il demande : « Qui veut encore de ce billet ? » Évidemment, les mains continuent de se lever ! « Mes amis, vous venez d'apprendre une leçon… Peu importe ce que je fais avec ce billet, vous le voulez toujours parce que sa valeur n'a pas changé, il vaut toujours 20 euros. Plusieurs fois dans votre vie, vous serez froissé, rejeté, souillé par les gens ou par les événements. Vous aurez l'impression que vous ne valez plus rien mais en réalité votre valeur n'aura pas changé aux yeux des gens qui vous aiment ! »

Risquer

Histoire issue du *Manuel de développement de l'estime de soi*, cité dans l'Outil n° 17.

Deux graines reposaient l'une à côté de l'autre dans une terre fertile au printemps. La première graine dit : « Je veux grandir ! Je veux plonger mes racines profondément dans la terre et lancer ma tige haut dans les airs... Je veux voir mes bourgeons s'ouvrir comme des drapeaux annonçant l'arrivée du printemps. Je veux sentir le soleil réchauffer mon visage et la rosée matinale caresser mes pétales ! » Et elle grandit, ses racines se frayant un chemin profond et sûr.

La deuxième graine, moins enthousiaste, dit : « J'ai peur. Si je plonge mes racines dans la terre que je ne connais pas, je ne sais pas ce qui m'attend dans cette obscurité. Ma tige est tellement fragile, si j'essaie de percer la croûte de terre pour m'élever dans les airs, elle risque de se briser. Et si, à peine entrouverts, un ver venait à manger mes bourgeons ? Et si je montrais ma fleur, qui sait, un enfant pourrait m'arracher de terre. Non ! Il vaut beaucoup mieux attendre qu'il n'y ait plus aucun danger pour sortir. » Et elle resta immobile, retenant sa croissance, en attendant que des « signes » viennent lui faire changer d'avis.

Un oiseau qui passait par là, fouillant la terre en quête de nourriture, trouva la graine qui attendait et la dévora aussi rapidement...

La course des grenouilles

Histoire issue du *Manuel de développement de l'estime de soi*, cité dans l'Outil n° 17.

Une bande de grenouilles décida d'organiser une course. L'enjeu était d'être la première à arriver tout en haut d'une très grande tour.

Dès que la nouvelle de la course se répandit dans le village, des tas de grenouilles curieuses se rassemblèrent pour voir et soutenir les concurrentes.

Pleines de courage et de motivation, les candidates se placèrent sur la ligne de départ et commencèrent à grimper. Mais très vite, les villageoises se mirent à faire des commentaires désobligeants : « Elles n'y arriveront jamais ! » « Elles sont bien trop lentes ! »

Au bout de quelques minutes, certaines grimpeuses se sentirent démotivées et quittèrent la course. D'autres succombèrent à la fatigue et préférèrent s'asseoir pour regarder celles qui continuaient.

Les commentaires des villageoises reprirent de plus belle : « Pour qui se prennent-elles, si c'était possible, nous l'aurions déjà fait ! » dirent certaines. « On n'a jamais vu pareille sottise, les grenouilles ne sont pas faites pour grimper ! » dirent d'autres.

Les petites concurrentes, malgré leur courage, commencèrent à mesurer les difficultés de leur projet. Elles quittèrent la course les unes après les autres. Toutes. Sauf une.

Elle grimpait lentement, sans relâche, tandis qu'autour d'elle les commentaires se faisaient de plus en plus insistants : « Descends, tu n'y arriveras jamais ! » « Ce que tu es ridicule ! » Pourtant, inlassablement, la petite grenouille continuait à avancer.

Après un énorme effort, elle finit par gagner le sommet. Toutes se précipitèrent autour d'elle pour savoir comment elle avait fait pour réaliser ce que personne au monde n'avait encore jamais fait. L'une d'entre elles s'approcha pour lui demander sa recette. C'est alors qu'elle découvrit que la petite championne était sourde…

Outil n° 17

Autres grigris et aides « thérapeutiques »

- **La fabrication d'un pot à rêves :** il s'agit de choisir un pot, une boîte, une pochette. Il peut être en verre, en bois, en carton. Votre enfant va pouvoir le décorer et y réunir tous ses désirs, ses rêves les plus profonds, afin de les laisser « mijoter » tranquillement, dans ce pot et dans sa tête…

  Ce pot à rêves peut être décliné en pot à soucis, en partant du principe que lorsque quelque chose embête votre enfant, il le note ou le dessine sur un papier. Une fois qu'il aura placé dans ce pot ses problèmes, ses émotions négatives ou ses cauchemars, son souci sortira de sa tête. Il faut y mettre de la conviction ! Vous déterminerez ensemble qui sera chargé de vider le pot à soucis.

- **Les attrapeurs de rêves :** ce sont ces sortes de filets au bout desquels sont suspendues des plumes de diverses couleurs. Ils peuvent être rebaptisés « attrapeurs de cauchemars » en présupposant à votre enfant qu'ils avaleront ou aspireront tous les cauchemars qu'il fera. Au bout de quelques temps, si votre enfant vous dit qu'il ne fonctionne plus car il refait des cauchemars, dites-lui que c'est normal !

Comme tout objet utilisé régulièrement, il a juste besoin d'être nettoyé. Et pour ce faire, une journée à la lumière du soleil exposé en plein vent devrait suffire à le remettre comme neuf !

- ***Le Manuel de développement de l'estime de soi*** est à télécharger gratuitement sur dolfino.tv/manuel-estime-soi/. Réalisé par une institutrice, il regorge d'exercices ludiques à faire avec votre enfant pour l'aider à se connaître, à prendre confiance, à s'apprécier… Il contient également de nombreuses histoires courtes à méditer, dont certaines sont mentionnées dans l'Outil n° 16.
- **Les pierres et cristaux :** en achetant une pierre à moindre coût dans un magasin spécialisé ou tout simplement en la ramassant sur la plage, votre enfant pourra l'utiliser de différentes façons :
  - pour envoyer dedans ses émotions négatives en la serrant dans sa main (dans ce cas, il sera important de la « nettoyer » ou de la jeter dans une rivière une fois qu'elle ne semblera plus absorber les émotions négatives) ;
  - pour « remplacer » Maman ou Papa pendant la journée. On peut imaginer qu'au contact du parent pendant quelques instants, la pierre va se charger de l'énergie de celui-ci. Elle pourra ainsi diffuser cette énergie tout au long de la journée ou de la nuit et permettre à votre enfant d'être plus serein ou de s'endormir plus facilement ;
  - pour « se recharger » à chaque fois qu'il en éprouvera le besoin.
- **Le doudou sauveur :** le doudou (sous toutes les formes qu'il peut adopter) incarne souvent le rôle de relais et de lien entre l'enfant et sa mère. Mais savez-vous qu'il permet bien plus de choses ?

  Votre enfant ne veut pas prendre son médicament ? Pourquoi ne pas d'abord le faire goûter à Doudou ? Ben oui, si Doudou le prend, c'est que c'est bon !

Il fait des cauchemars, pourquoi ne pas demander à Doudou d'avaler tous les cauchemars pendant la nuit ou de le protéger ?

Doudou a aussi de la fièvre ? Alors ça serait bien que votre enfant lui prenne sa température pendant que vous prenez la sienne.

Et si Doudou allait sur le pot ?

Et si on donnait le bobo à Doudou, il saurait sûrement quoi en faire, n'est-ce pas ?

À vous d'adapter et d'utiliser Doudou dès que vous vous trouvez dans une situation de blocage avec votre enfant.

Comme expliqué dans l'Astuce n° 12 sur les neurones miroirs, les mêmes neurones s'activent que votre enfant guérisse son doudou ou qu'il se guérisse lui-même. Et c'est tellement plus facile de trouver des solutions pour les autres, n'est-ce pas ?!

- **Le chanteur ou héros préféré :** il peut être parfois d'un grand secours pour aider à faire les devoirs, se sentir plus fort, moins seul…

  « Que ferait Spiderman pour ranger plus vite ses jouets ? » « Imagine que tu es Violetta assise à son bureau en train d'apprendre ses tables de multiplication ! » « Et si on appelait Sam le Pompier pour qu'il vienne soigner ton bobo ? »

- **Le film *Vice Versa* de DisneyPixar :** primé quatre fois aux Oscars en 2016, ce film relate merveilleusement bien le conflit des émotions d'une jeune fille et le devenir de ces émotions si rien n'est fait pour les libérer. Les enfants l'adorent et les parents aussi !

Sommaire

Les jeux

Vous trouverez ici quelques jeux divers que vous pourrez utiliser aussi bien dans la voiture, à la plage, à la piscine, à table, à l'apéro, dans le bain...

Ils peuvent être utilisés de façon formelle ou informelle et à la fréquence qui vous convient le mieux. Cependant, afin d'obtenir une efficacité optimale sur le long terme, il peut être judicieux de mettre en place une routine (débriefing du vendredi soir autour d'un verre) et d'utiliser certains jeux de façon récurrente (Jeu n° 2, Jeu n° 5, Jeu n° 10). Comme le reste de cet ouvrage, il s'agit de pistes que vous adapterez au mieux selon les besoins de votre enfant.

Dans ces divertissements, il n'y a ni perdant ni gagnant ! Ou pourrais-je plutôt préciser que tout le monde est gagnant ! Si, si, même vous ! Par ailleurs, il est important, au cours de ces jeux, de mettre les jugements de côté (même entre frères et sœurs).

Les personnes ayant choisi d'y participer devront y assister pleinement ! Lorsque c'est à votre tour, jouez le jeu à fond ! Et lâchez-vous ! Retrouvez votre âme d'enfant, sautez en l'air, chantez, dansez, déguisez-vous, riez...

Enfin, lorsque vous serez dans le jeu, restez dans l'expérience, et ce malgré ce que vous apprenez de votre enfant. Si vous éprouvez le besoin de « creuser » ce qu'il vous a dit, alors faites-le en continuant d'incarner votre rôle ou en suivant les règles établies au départ. Vous en saurez beaucoup plus ainsi qu'en décidant d'arrêter afin de poursuivre la conversation sérieusement.

S'il est difficile pour vous ou pour votre enfant d'exprimer ses ressentis oralement, vous pourrez imaginer des variantes où chacun écrira ce qu'il a à dire sur un papier. Tous ces papiers seront réunis dans un chapeau ou une boîte et tous tirés au sort.

Amusez-vous !

Jeu n° 1

Garder les sens en éveil

Afin d'affiner l'acuité sensorielle de votre enfant, vous pouvez à tout moment et même de façon informelle jouer avec lui à ce jeu. Le principe est de solliciter les différents sens de votre enfant afin de l'aider à se familiariser avec eux.

- **L'ouïe :** faites-lui écouter et reconnaître des cris d'animaux, des bruitages de cinéma, un objet qui cogne contre un autre… Vous trouverez de nombreux fichiers intéressants sur Internet.

- **Le goût :** invitez-le à fermer les yeux et à deviner ce que vous lui faites goûter. Il peut aller plus loin lorsqu'il s'agit d'un plat cuisiné par exemple, en reconnaissant au moins trois ingrédients utilisés. Pensez à varier les saveurs et à lui faire tester des aliments moins connus.
- **Le toucher :** toujours les yeux fermés ou bandés, amenez-le à découvrir différentes textures et matières.
- **L'odorat :** des fleurs, un oignon, du chocolat, de la moutarde, du charbon de bois, du citron... tout peut être senti ! Il existe également des jeux tels que Le Loto des odeurs qui reprennent ce principe.
- **La vue :** même si la vue est le sens prédominant pour bon nombre d'entre nous, il n'en demeure pas moins que nous ne savons pas vraiment regarder. Amenez votre enfant à observer, scruter, examiner dans les moindres détails. Installez-le devant une rose, par exemple. Cela peut être également pratiqué avec n'importe quel objet, le principe étant de regarder celui-ci avec un regard tout neuf et une attention sans précédent. Tout doit être passé en revue !

Jeu n° 2

Les qualités

À deux, trois, quatre ou plus, vous allez pouvoir désigner (ou tirer au sort) la personne qui va recevoir de la part de chaque participant une qualité ou un compliment. Attention ! Chaque « flatterie » devra être différente. Si Maman dit que Pierre est courageux, Papa devra citer un autre point positif.

La personne qui reçoit le compliment peut, à son tour, citer une de ses qualités. Ensuite, le joueur suivant (désigné ou tiré au sort) va pouvoir écouter les compliments émis par les autres participants et en citer un lui-même.

Vous pouvez refaire plusieurs passages, en veillant, lorsque vous déciderez d'arrêter le jeu, à ce que le tour ait bien été terminé complètement (personne ne doit être lésé).

Dès son plus jeune âge, l'enfant peut participer à ce jeu. Lorsque nous y jouons avec notre fils de deux ans et demi, il cite une couleur en guise de compliment : « Maman, tu es rose. » L'effet est tout aussi bénéfique.

Ce jeu va favoriser l'estime de soi et la confiance. Il est important pour l'enfant de savoir ce que ses proches pensent de lui. D'ailleurs, vous constaterez que même adulte, il est plaisant de recevoir des compliments des gens qu'on aime !

Jeu n° 3

Sais-tu ?

Chacun votre tour, vous allez vous poser des questions commençant par « Sais-tu ». « Sais-tu comment ? » « Sais-tu pourquoi ? » « Sais-tu combien ? » « Sais-tu où ? »

Chacun doit se prêter au jeu. Il est important de laisser la personne interrogée répondre. Si la question n'est pas adressée à votre enfant, il ne doit pas y répondre.

Les questions peuvent rester très simples et il se peut que vous ayez quand même parfois de belles surprises ! Si vous n'avez pas de réponse à apporter à la question qui vous a été posée par votre enfant, précisez-lui : « Il s'agit là d'une question très pertinente, et j'avoue ne pas avoir la solution ! » Peut-être pouvez-vous tous ensemble émettre des suppositions et aller plus tard à la pêche aux informations pour éviter de laisser cette question en suspens.

Ce jeu va vous permettre d'apprendre à mieux vous connaître et à instaurer du dialogue. Il peut être utile pour les parents qui ne savent pas trop quoi dire à leur enfant lorsqu'ils se retrouvent en tête à tête avec lui.

Il favorise le respect et l'écoute.

Jeu n° 4

Je n'aime pas

À tour de rôle, chacun va exprimer ce qu'il n'aime pas qu'on dise de lui ou ce qu'il n'aime pas qu'on lui fasse. Il pourra préciser ce qu'il ressent quand on lui dit ou fait cette chose.

En pratiquant ce jeu très simple vous allez peut-être rendre un grand service à votre enfant qui va enfin pouvoir vous dire à quel point il a honte lorsque vous le surnommez « mon bichon », comment il se sent rabaissé lorsque vous lui tapez gentiment sur la tête ou pourquoi il aimerait que vous cessiez de lui crier « je t'aime » dans la cour de l'école ! C'est une occasion pour lui de se faire respecter.

Vous pouvez également participer au jeu en exprimant ce que vous n'aimez pas que vos enfants vous disent ou fassent.

Comme tous les autres, ce jeu se passera dans l'écoute, le respect et la bonne humeur !

Jeu n° 5

Le vidage de sac

Et si vous profitiez de la fin de la semaine pour réunir votre petite tribu autour d'un apéritif joyeux afin de procéder à un bon « vidage de sac » ?!

Le principe de ce jeu est de laisser la possibilité à chacun d'exprimer dans la bonne humeur ses ressentis de la semaine. Il s'agira des punitions que votre enfant a pu trouver injustes ou qu'il n'a pas comprises, d'une parole dite à la hâte qui l'a blessé, d'un regard que vous lui avez lancé... Toutes les réflexions sont permises pourvu qu'elles soient dites et entendues dans la bonne humeur !

Même si vous estimez que la punition affligée était justifiée, cet échange est l'occasion d'apporter à votre enfant les précisions nécessaires. Il pourra ainsi comprendre les véritables raisons de cette punition et éviter de commettre la même erreur ultérieurement (c'est bien le but d'une punition, n'est-ce pas ?).

Dans le cas où vous jugeriez que la punition était inadaptée, exagérée ou même injustifiée, pourquoi ne pas lui demander pardon ? Ce mot court mais tellement bénéfique pourra atténuer voire effacer les émotions négatives ressenties par votre enfant.

Si nécessaire, vous pouvez lui demander ce qu'il ressent face à cette injustice et l'aider à se libérer de ses émotions à l'aide des différents outils proposés.

C'est le moment de lever les éventuelles incompréhensions, blessures, frustrations que votre enfant peut avoir stockées au fil des jours sans oser en parler et qui pourraient avoir des répercussions négatives dans l'avenir si elles ne sont pas exprimées.

Jeu n° 6

La blouse émotionnelle

Dans un premier temps, invitez votre enfant à prononcer une phrase neutre dépourvue d'émotions telle que « Je m'appelle Sophie », « Je suis en CM1 » ou « Il fait très beau dehors ».

Puis, vous pouvez lui proposer d'enfiler une blouse émotionnelle comme celle de la colère. Il va devoir prononcer cette même phrase avec le ton de la colère.

Il peut ensuite prononcer cette phrase en passant en revue les principales émotions :

- la peur
- la tristesse
- la joie
- la surprise
- la honte
- la déception
- la colère
- etc.

C'est l'occasion de chercher de nouvelles émotions qu'il connaît peut-être moins et de les lui expliquer.

Il pourra accompagner ses paroles de gestes, ou changer de phrase, ou choisir une question…

Vous pouvez également vous prendre au jeu en prononçant vous aussi les phrases avec votre enfant.

Les enfants peuvent participer dès leur plus jeune âge.

Ce jeu garantit des moments de rire et de complicité. Vous pouvez vous filmer pour visionner ensemble le résultat !

Jeu n° 7

Inverser les rôles

Voici un jeu tout simple qui permet d'en apprendre beaucoup sur votre enfant et sur vous-même.

Il s'agit tout simplement de laisser votre enfant devenir vous et vous de devenir lui. C'est-à-dire que votre enfant va se glisser au maximum dans votre personnage en vous imitant le plus possible et vous allez faire de même en devenant, le temps de l'expérience, votre enfant !

Pour que le jeu soit le plus réaliste possible, acceptez les éventuels gros mots ou expressions qu'il dira. Faites-en sorte de vous comporter comme lui en reprenant ses expressions et ses questions. Manifestez ses peurs comme il le fait quand il s'agit de lui... Il est important de faire l'expérience à 100 % en sortant complètement de votre rôle d'adulte. Endossez son costume d'enfant : mettez-vous à genoux pour être à sa hauteur, pensez comme lui, imaginez que vous dormez dans son lit... Votre enfant pourra monter sur une chaise, mettre vos chaussures, prendre votre téléphone portable.

Si vous souhaitez jouer à ce jeu à plus de deux, vous pouvez tirer au sort la personne que chacun incarnera.

Il s'agit d'une expérience très intéressante à plusieurs niveaux. Tout d'abord, elle va vous refléter le comportement que vous avez envers votre enfant et dont vous n'avez pas toujours conscience. Elle va également permettre à votre enfant de se rendre compte de son propre comportement. Et surtout, ce jeu va l'amener, sans le savoir, à trouver des solutions à ses problèmes. En effet, vous constaterez avec quelle facilité il vous aidera à trouver des issues positives (et puisque vous êtes dans sa peau, c'est donc indirectement pour lui qu'il trouvera les solutions). N'avez-vous jamais remarqué comment il est toujours plus facile de trouver des solutions pour les autres que pour soi ?

Ainsi, vous allez pouvoir par exemple interroger votre « parent » pour savoir comment faire pour vous débarrasser de la peur du loup. Il va vous apporter une ou plusieurs réponses. Surtout, évitez de faire un quelconque lien avec lui dans la vraie vie en rajoutant : « Tu vois chéri, les loups n'existent pas, c'est toi qui viens de le dire ! » Cela conscientiserait son raisonnement et risquerait de l'amoindrir. Faites confiance à son inconscient, qui saura parfaitement faire le lien tout seul, et continuez simplement à jouer.

Ce jeu peut être utilisé pendant de longues années, même avec des adolescents qui se plaignent de vos réactions. Chacun pourra ressentir le vécu de l'autre pendant quelques instants, ce qui s'avèrera très enrichissant...

Vous pouvez imaginer des variantes en devenant par exemple deux copines qui se confient et parlent de leur famille... « Tout va bien chez toi ? Comment ça se passe avec tes enfants ?... » Laissez les langues se délier...

Si une personne ou un personnage imaginaire fait peur à votre enfant, vous pouvez l'inviter à incarner cet être alors que vous prendrez le rôle de votre enfant. En vous aidant des conseils cités dans l'Astuce n° 18, vous l'aiderez à décrédibiliser cet individu et ainsi à apaiser, voire enlever ses peurs.

Jeu n° 8

L'aveu

Chacun votre tour, en commençant de préférence par un adulte, vous allez avouer une bêtise (inédite) que vous avez commise.

Avant de proposer à votre enfant de participer à ce jeu, concluez avec lui un pacte moral qui vous engage à n'émettre aucun commentaire ni jugement ni réaction. Vous avez interdiction de vous fâcher, ni maintenant ni plus tard ! Si votre enfant avoue sa faute, c'est qu'il vous fait confiance. En cas de réaction inadaptée de votre part, il n'osera sûrement pas se confier une nouvelle fois. Et puis on dit

« faute avouée, faute à moitié pardonnée » ! Si vous n'êtes pas sûr de parvenir à bien réagir quoi qu'il vous dise, optez pour un autre jeu.

Il peut être intéressant, lorsque ce sera votre tour, de citer une ou plusieurs bêtises commises dernièrement, afin de faire prendre conscience à votre enfant que même les adultes font des erreurs…

Même les plus petits peuvent participer et vous verrez qu'ils comprennent très bien le sens du mot « bêtise » !

Ce jeu permettra à votre enfant d'avouer plus facilement ses fautes dans l'avenir.

Jeu n° 9

Être fier

Vous allez pouvoir, à tour de rôle, parler d'une situation vécue dernièrement et de laquelle vous êtes fier.

Vous pourrez expliquer en détail l'expérience et vous concentrer sur cette émotion positive de fierté. Invitez votre enfant à la décrire, à dire dans quelle partie du corps il la ressent, ce que ça lui fait lorsqu'il est fier…

Avant de passer à la personne suivante, chacun peut citer une situation qui l'a rendu fier de celui qui s'exprime en expliquant également les raisons et en donnant un maximum de précisions.

Vous pouvez élargir ce jeu en proposant de raconter une expérience vécue au cours de la journée qui a généré des émotions positives (joie, sérénité, paix...).

Ce jeu est un complément des trois émotions positives par jour (voir Astuce n° 14). Il va permettre à votre enfant (et à vous-même) de se valoriser et de se concentrer sur des émotions positives afin d'activer une spirale ascendante amenant à gagner en confiance en soi et en bien-être intérieur.

Jeu n° 10

Et si c'était différent ?

Ce jeu consiste à évoquer ensemble les choses qui peuvent être modifiées ou améliorées.

Chacun votre tour, vous pouvez exprimer ce que vous aimeriez voir changer au sein de votre famille. Vous pouvez citer tout ce qui vous passe par la tête :

- Les menus : « Moi j'aimerais bien qu'on arrête de manger de la soupe tous les soirs ! »
- Certains comportements : « Nous aimerions que tu diminues le temps que tu passes sur ton téléphone. »
- Les routines : « Est-ce que je pourrais prendre ma douche le matin maintenant ? »
- etc.

Il est important d'accueillir les propositions de votre enfant sans réaction négative particulière (ou le moins possible). Si sa suggestion n'est pas réalisable, dites-le-lui en lui expliquant bien les raisons et tentez de trouver ensemble des solutions qui vont pouvoir satisfaire tout le monde.

Conclusion

Vous avez désormais entre les mains le mode d'emploi du cerveau de votre enfant (ou presque) et les outils pour le « réparer » et l'entretenir !

Maintenant que vous avez conscience de l'impact de vos mots, il ne tient qu'à vous de les utiliser à bon escient afin de permettre à votre enfant de devenir un adulte épanoui bien dans ses baskets !

Dans le cas où vous ressentiriez une quelconque sensation de culpabilité en terminant ce livre, je vous conseille vivement de mettre en pratique immédiatement la méthode Sedona (voir Outil n° 2) ! Vous pourrez lâcher cette émotion inutile afin de vous concentrer sur le présent et sur l'avenir. Ce qui est fait est fait ! Souvenez-vous que vous êtes le meilleur des parents à partir du moment où vous apportez à votre enfant ce qui semble être le mieux pour lui.

Surtout, persévérez si besoin, les résultats en valent la peine. Faites preuve d'un peu de patience. Sachez que toute démarche que vous mettez en place est un pas supplémentaire vers l'atteinte de son objectif. Comme la graine a besoin de temps pour sortir de terre et donner des fruits, certains de vos efforts nécessiteront un peu de ténacité avant de produire leurs premiers résultats positifs.

Prenez le temps parfois de faire une pause pour observer le chemin déjà parcouru jusqu'à maintenant. Et soyez indulgent avec vous-même !

Pour finir, je tiens à vous féliciter car si vous avez cet ouvrage entre les mains c'est que vous êtes dans une démarche d'évolution et de recherche de solutions pour votre enfant.

Et enfin, un grand merci ! Merci pour votre confiance et merci d'utiliser ces outils qui vont contribuer, à leur niveau, à créer un monde meilleur et plus serein.

Parce que chaque expérience est unique, vos retours, idées, questions, commentaires et suggestions sont les bienvenus à cette adresse e-mail : lacommunicationpositive@gmail.com.

Je lirai vos messages avec le plus grand intérêt.

Merci à vous !